Cartas

Constança
Guimarães

Cartas

Constança Guimarães

(1871-1888)

Organização e ensaio
Eliane Marta Teixeira Lopes

2ª edição

Para minhas netas, Luísa e Rita,
e meu neto Antônio,
futuro do passado.

Aconteceu um dia, quando em torno do meio-dia me encaminhava para o meu barco, de eu ficar extraordinariamente surpreso com a marca de um pé descalço de homem na praia, claramente visível na areia: foi como se um raio me tivesse atingido, ou como se tivesse avistado uma aparição.

Robinson Crusoé
Daniel Defoe

Isto não é uma biografia

Aconteceu um dia, quando por volta do meio-dia estava no Arquivo Público Mineiro em meio a pastas, de eu ficar extraordinariamente surpresa com cartas de uma senhorita que morou em Ouro Preto no século XIX. Foi como se um raio me tivesse atingido, ou como se tivesse avistado uma aparição.

Assim foi a apresentação de Constança Guimarães a mim. Não foi a outrem que se exibiu. Uma exibição discreta: apenas oito cartas e um retrato. Esse encontro impunha-me deveres, e desde então sou responsável por ela.

Sua ausência sugeria-me perguntas. Quem terá sido? Onde e como viveu? Sua imagem, sua letra e suas missivas me surpreenderam pela concisão, pela ironia, pela aguda observação que fazia do entorno e de si. Era tudo o que eu sabia: a narrativa precisava ser construída.

O Arquivo Público Mineiro guardou um documento aparentemente banal: cartas. Não é uma copiosa correspondência, não há as cartas das primas para ela, nem de outras pessoas, fossem da família ou não. O que há são as de Constança, cuja ausência foi tão sentida pela prima Sinhoca que fez dessas cartas uma presença para durar.

Mesmo sabendo que a narrativa é o relato enganoso do que aconteceu, mesmo sabendo do descompasso entre o real e o discurso sobre ele, era preciso costurar os tempos em que foram construídas as histórias. Outros textos, o contexto, me ajudariam a compreender o que Constança sentiu ao se expressar nas cartas para suas primas e o lugar que ocupou no mundo. Por isso, a literatura, as revistas, os jornais foram consultados.

São tortuosos os caminhos da investigação que busca juntar pontas separadas pelo tempo. Mesmo não sabendo fazer a mágica da narrativa (im)perfeita, investigo: olhando para trás e para os lados, tomo atalhos intuitivos. Voltear é o que mais faço, mesmo com muitos riscos. Perco-me no caminho, acho novos objetos e sujeitos.

Quando encontrei Constança, não a buscava. Pesquisava no arquivo documentos sobre educação musical nas regiões de Vila Rica e Mariana nos séculos XVIII e XIX — àqueles compositores maravilhosos, quem os terá ensinado, se escolas de música não havia? A música na província de Minas Gerais no século XIX foi uma extensão daquela que se fazia no século XVIII, pois muitos compositores que aqui nasceram ou que chegaram de Portugal e começaram a compor, ainda jovens, no XVIII, continuaram suas atividades no XIX, que foi um século portador das novidades musicais, tanto em gêneros quanto em ritmos, que se estenderiam ao início do século XX. Não achava pistas para isso quando um nome de mulher gritou por mim. Nomes de mulheres são raros em arquivos públicos. Prestei atenção.

O Arquivo Público Mineiro, criado em 1895 por José Xavier da Veiga, prédio povoado de arcontes, sentinelas dos documentos, principalmente, de e sobre homens probos, guarda milhares de documentos de origem pública e privada dos períodos colonial, imperial e parte do republicano. Um lugar de autoridade. O arquivo reúne pastas que guardam, além de manuscritos e impressos, mapas, plantas, fotografias, gravuras, filmes, livros, jornais, folhetos e periódicos. Guardam assuntos, palavras e imagens de estado: seu construtor e destruidor; suas verdades e mentiras; falseadores do futuro, guardião de ilusões. Junto com tudo isso, relatórios de inspetores escolares, muitos exames de língua pátria e aritmética em que crianças provaram suas competências às suas professoras e as listas de matrículas para cursar a Escola Normal. Eu, que não as procurava, tinha em mãos provas de que no século XIX havia mulheres alfabetizadas, alfabetizadoras e escritoras.

Uma coleção de cartas de uma mulher estava na pasta que encontrei. Era só isso. Tudo o mais estava apagado. O que havia era uma pegada e resolvi segui-la. Eu desejava sustentar a emoção que Constança havia trazido para minha própria vida, dando um novo sentido ao histórico vivido. Era como um coração pulsando em minhas mãos.

Apresentação às cartas

No Guia de Fundos e Coleções do Arquivo Público Mineiro, encontrei a primeira referência à Coleção Constança Guimarães:

> CONSTÂNCIA GUIMARÃES
> 1871-1887
> "Filha do escritor mineiro Bernardo Guimarães e Teresa Maria Gomes Guimarães, prima e noiva do poeta Alphonsus Guimarães. Faleceu de tuberculose em Ouro Preto."
> ARQUIVO PÚBLICO MINEIRO
> C G SÉRIE 01 CX: 01
> 01.02
> S/D

Na página de cobertura das cartas, chama atenção a sumária descrição de Constança: "Filha do escritor mineiro Bernardo Guimarães e Teresa Maria Gomes Guimarães, prima e noiva do poeta Alphonsus Guimarães. Faleceu de tuberculose em Ouro Preto". Ela, no entanto, nunca admitiu nas confidências às primas nenhuma ligação com Alphonsus, ainda assim, logo na apresentação, era necessário sustentar a lenda. É o que fazem os registros.

Constância é como está escrito na documentação secundária do arquivo. Escolhi sempre escrever *Constança*, como está na sua certidão de nascimento e na de óbito, salvo quando o original exige outra grafia. Na família Guimarães, grafa-se *Constança*, e esse prenome tem uma longa linhagem. Em letra cursiva, no retrato encontrado com as cartas, escreveram *Cicinha (Constança) filha de Bernardo Guimarães*. Em nenhuma das cartas ela assina *Cicinha*. Quando o afeto transborda, assina *Constancinha*.

A documentação foi doada ao arquivo pelo neto de Bernardo Guimarães, José Guimarães Alves, funcionário do estado e cioso dos documentos e artes. Em 1961, era diretor da Imprensa Oficial MG; em 1977, foi diretor do Palácio das Artes; em 1980, doou ao APM a coleção do jornal de Itajubá, *A Verdade*. Quando já não era diretor da Imprensa, expressou apoio ao Suplemento Literário, que, segundo afirmou, "está destinado a marcar época na vida literária do Estado". E marcou! As histórias da vida privada, dos recintos e dos ressentimentos, precisam de testemunhas e testemunhos para que possam ser escritas.

O conteúdo da pasta, com o registro acima citado, consiste em oito cartas de Constança para suas primas. A primeira carta é datada de 27 de maio de 1887. As outras não têm data, mas podemos imaginar que percorrem esse ano até 1888, ano em que Constança morre. São numeradas 01/01, na sequência até 01/08, e foram transcritas a lápis, em papel do mesmo tamanho que o dos originais, com a mesma disposição do texto sobre ele, a mesma ortografia, e cada uma está em uma pasta, e todas as pastas, em uma caixa. Essas cópias, feitas por alguém do próprio arquivo, mostram a valorização dada àquela documentação: como se a cópia pudesse ter vida mais longa que os originais, como se duplicadas atestassem melhor o passado, garantindo hospitalidade e vida longa.

Também eu fiz assim. De alguma forma, as cartas de Constança são parte, uma nesga da história e, como tal, elas portam e comportam a língua e a linguagem. Apoderar-me desse português não castiço, da língua do cotidiano escrita com dois “eles”, “ph” ou dos adjetivos que usa sem dó como se fossem substantivos, como “estúpido”, era não me render aos encantos da máquina em que ora escrevo e que corrige tudo. Dentro da mesma caixa (Série 2 s/d), dois documentos datilografados. Um deles é um texto de José Guimarães Alves trazendo as Chaves de Leitura da parentela citada por Constança nas cartas; o outro é a descrição da coleção.

Na nota que acompanha as cartas, alguém (talvez José Guimarães Alves) procura desculpar o vocabulário tão cotidiano de Constancinha e palavras de uso já tão antigo: "As expressões 'idiotas' empregadas por Constacinha não tinham o sentido pejorativo como o de hoje. Designavam pessoas presunçosas, jactanciosas, afetadas. O tratamento na segunda pessoa do singular era de uso. O 'você' ainda não tinha obtido livre trânsito na sociedade mineira de então".

Cartas

Sinhoca

Ouro Preto, 27 de Maio de 1887

Recebi a tua carta n'este momento.

Escrevo-te agora só para dizer-te que a Nikita sahe no dia 30 do corrente, não sahiu á mais tempo (manda te dizer ella) porque estava chumbando os dentes.

Breve te escreverei com mais vagar: agora estou com muita pressa, para agradecer-te a carta que me escreveste. Estou, n'este momento, em casa da Fanny. Vim visitar o Lulúca, foi hoje a primeira vez que o vi, depois q.' chegou, acreditas?

Lembranças á Norica.

Recebe um apertado abraço da tua

Conftancinha

01/02

Querida Sinhoca

Escrevo-te hoje para dar-te uma bôa noticia, do contrario não te escreveria porque és uma ingrata que nem se lembra mais de mim, mas quero ter o prazer de te dar o prazer de saber que o Calogeras estará la na quinta-feira, 21 do corrente, elle sahe amanhã.

Talvez tu te rias de eu fallar n'essa creatura, e dirás: que ingenuidade, pensar que eu ainda penso em semelhante homem!

Estou em casa da Ihá, vim passar alguns dias juncto d'ella enquanto o Sr. Gorceix sahiu.

Não escrevo mais, nem á ti nem á Nikita, enquanto ambas não me escreverem. Tanto ella como tu teêm escripto a Fanny, Caluta e Ihá, e a mim nem lembranças.

Não tenho nada mais a dizer-te, sinão que estamos todos de perfeita saúde.

Muitas lembranças a Nikita, Norica, Julinha, Luluca, Tia Maria e a todos, enfim.

De tua amiga que te abraça

Conftancinha

vire

P.S. A Ihá disse que amanhã vai escrever a Tio J. Caetano para agradecel-o e dar providências a respeito da encomenda que elle fez.

01/03

Querida Sinhoca

Que hei de eu te dizer? Nem eu mesma o sei (extr. do álbum do Nicésio). Por fallar n'esse cujo, me lembrei que elle (Nicesio) casou-se em Queluz com uma moça muito minha conhecida; está morando aqui, e, consta-me, comprou a papellaria do Nicoláu.

Tenho recebido uma serie de cartas tuas, ás quaes não tenho respondido por estar muito burra e um pouco doente, portanto, espero, me desculparás e continues a escrever-me, embora á isso tenha posto impedimento por minha negligência, mas prometto-te que nunca mais te queixarás de mim á pretexto de não te escrever.

Á respeito do que me escreveste, digo que ignorava a revolta das normalistas contra o Samuel, mas se isso é verdade, julgo que essas moças não são tão estúpidas como eu pensava, apezar de que, nenhuma entrou em exame de arithméthica e só a Ignez e a Paulina entrarão no de portuguez sahindo reprovadissimas. As do segundo anno fizerão todas os exames e passarão para o 3° e as do 3° tirarão seus títulos. Dizes tambem que por aqui consta que vais cazar-te. Nunca ouvi dizer isso depois que estás ausente e, a fallar-te com franqueza, creio que não se falla de ti sinão entre família (a nossa). Pelo menos, logo que partiste me dizião sómente que eu havia de ter muita saudade de ti, mas agora creio que já te esquecerão (salvo algumas excepções). Mas não deves importar-te com isso, porque, bem sabes que quando se está aqui falla-se na gente, mas sem isso é o mesmo que não existir. Isso é regra geral em O.P., eu mesma julgo-me esquecida porque quase não passeio, e mesmo eu não estou aqui, estou mais lá contigo do que commigo.

Soube pela tua carta que o Calogeras e o Jaguaribe já estão aqui. Eu ignorava que o Jaguaribe estava fóra, sabia só que elle havia feito exame, mas não sei o resultado d'esse exame.

Há muito que não vejo o Amintas, de quem só me lembro quando fallas n'elle, e não sabia que elle tinha ido a Côrte. Supponho que a ultima vez que o vi foi na soirée do Manéca, quando ainda estavas aqui.

Fizesteis muito bem de entrardes para o Conservatório (dirijo-me também a Nikita) principalmente esta, assim não façais como fizesteis com a Eschola Normal. Eu também nunca mais lá fui.

A Ihá ja me tinha dito que a irmã do Klier é muito aborrecida e falla, especialmente da alimentação dos ouro-pretanos, parece-me que estes Klier teem o coração no estomago. Pois ha tão pouco tempo que seu pai morreu e ella ja tocou e cantou aqui em um concerto que Klier deu.

Minha amiga, as noticias que tenho á dar-te são todas tristes: Mariazinha aqui em casa, para dar mais um estupido ao mundo, o Sr. Raymundo Athayde doido, (dizem os filhos que não é loucura; que é febre e que a febre é germinada pela congestão que elle teve, mais eu acho que elle está perfeitamente doudo, vejamos as suas proezas: esconde os pratos, talheres etc. e depois quer que a Marianna dê conta, ella que esta sempre o espiando, vai buscar no encanamento, onde elle guarda, e entrega-o, e elle recebe com a mesma naturalidade que se não os tivesse escondido, á hora do jantar chama por Tia Donanna, Constancio, Antonio e vendo que nenhum d'elles responde senta-se á meza praguejando e chingando-os, dizendo que se estão mal com elle que estejão; chama pelo Candido, que já morreu, e põe a Marianna em busca d'elle, o dia inteiro, por mais que ella diga: Candido morreu; na hora elle falla: Ah! sim é verdade, mas d'ahi a pouco está na mesma lida.

Uma notícia mais triste ainda é que o pai da Nininha Barbosa morreu.

A Paulina da Totóca vai cazar-se.

Abraço a todas e recommendo-me a meus tios.

Não te esqueça di tua

Constancinha

01/ 04

Querida Sinhóca,

Perdoa-me se demoro á escrever-te, não tenho nada a dizer e estou tão zonza, ou tão estupida que não sei ligar duas idéas. Minha querida, estou com um genio isuportavel; tudo me aborrece ainda que nada me contrarie. Se todos vissem minh'alma, encontrarião no fundo d'ella tanto desprezo da vida que ninguem me atturaria, pois eu mesma custo a me supportar.

Não vás dizer que a causa d'isso é falta de trabalho, não, não é. Quanto mais que eu tenho muito que fazer, e se não tivesse procuraria.

Cada moço que vejo me parece um vomitorio (aqui n'esta rua é que é o passeio d'elles agora) a Isabellinha não sahe da janella e a toda hora grita: ahi vem Fulano. Isto me faz ter inveja d'ella. Se eu me me distrahisse com tão insignificantes cousas seria bem mais feliz.

Contudo não posso exprimir como estou alegre e ao mesmo tempo receiosa pela resolucção e irresolucção em que meu Tio está, de vir para Ouro Preto. Minha amiga, faze todo o possível para vindes ainda que estás muito contente ahi, se tiveres [papel rasgado] gas ficarás feia e, portanto, triste. E quanto mais que não deves pensar só em ti: pensa em teu pai, que é a maior felicidade que tens n'este mundo... em tua mai e irmãs.

Adeus, minha queridissima, receba um affectuoso abraço de tua

Constancinha

(apêndice à carta anterior)

Chara Nikita,

Por mais que eu queira pensar que estás muito satisfeita ahi, não posso accreditar que uma mineira, livre filha das montanhas[1] accostumada a respirar o ar livre de sua terra, possa viver suando 24 horas por dia e ouvindo as conversas estupidas e insensatas d'essas tagarellas fluminenses. Só a Nikita[2] é que pode apreciar isso, mas tu és muitíssimo intelligente. Deixem dizer o que quizerem, o atrazo da nossa terra tem sua poesia.

Não deixe de pintar á Tio J.Caetano o perigo que correis de terdes beixigas (ainda que seja preciso exagerar) tu tens mais energia e depressa o con[papel rasgado] ras da verdade. Nem que tenhas pouca vontade de vir, faze isso pelo amor de Deus e do próximo, tu sabes que não demoras muito aqui, depressa voltarás. Abraçarás tuas irmãs que terão immensa alegria; já não fallo de tua prima, se eu tivesse igual commoção, se tu viesses mesmo, eu ficaria louca, para isso eu acho que me não falta muito. Se eu não enlouquecer é porque morrerei muito moça. Eu já tenho muito medo de estar doida.

1 Não repare no pedantismo, elle surge da vontade que eu tenho que venhas para cá.

2 Talvez ela tenha se equivocado ao escrever Nikita... [Nota da organizadora.]

Essas ultimas noites tenho sonhado muito contigo. Manda-me dizer como passas, o que tens feito, se tens passeiado, etc.

O Barão de Paranapiacaba veio aqui em casa com o filho, que está morando em casa de D. Cecilia, pediu-nos para ver o retrato do Papai, e quando o vio chorou como uma criança. O filho, de certo o conheces, e mesmo que o não conhecesses, eu também não poderia dizer nada a seu respeito, porque estive com elle poucos instantes; o exterior é o de um moço vulgar, mas o Barão é um homem intelligente (o que é raro n'um barão) e foi ou é um dos raros amigos de meu Pai.

A Zizinha Marçal ja se cazou, e, ouvi dizer que a Zizinha Alves casava-se [papel rasgado] mas ignoro se isso realizou-se. É com o Borgia que ella casa-se ou casou-se.

Estou quase sã, a tosse é que me faz perder a paciencia, mas eu acho que ainda não é a dos pthisicos (salvo a ortografia).

Abraço e beijo a Norica, Julinha e Luluca e lembranças a meus tios.

De tua amiga que te abraça

Constancinha

P.S. Não demorem a me escrever, nem tu nem a Sinhoca são capazes de avaliar a <u>ancia</u> com que espero uma carta de lá.

01.05

Querida Sinhóca

Tu apostaste comprometter-me: fallas-me no Amintas como se elle fosse meu namorado; é cousa que eu, filezmente, não tenho; se eu tivesse e se fosse o dito, eu diria simplesmente que eras imprudente porque tuas cartas são lidas pela Caluta e Ihá (salvo aquellas em q. fallas no Calógeras).

Exijo que não escrevas mais d'essas asneiras e que não me perguntes pelo Calogeras, de quem não tenho noticias, quando tiver dartas-hei tambem não falles n'esta exigencia, sinão está entornado o caldo; tu és bem capaz de fazer essa borrada de pato!

Minha querida, queira desculpar essas exigencias e se não fizeres o que te peço estarei altamente comprommettida, porque Mãmai não perdôa nada, não achas tú que eu tenho razão de sobra?

Terminados os pedidos e as satisfações, tratemos d'outra cousa.

O Antonico está prestes á chegar aqui, está afflitissimo com a doença do Sr Raymundo (que não merece essas attenções). Eu acho que é a pessôa a quem mais tem encommodado a doença do Ilustre Usurario, porque elle (elle Ant.) é muito bom filho como é bom amigo. É uma excepção na familia. Mais tarde eu te contarei cousas do arco da velha. Mas não me escrevas nada á esse respeito.

Acabei de lêr dous romances d'Escrich: — O Manuscrito Materno — que tinha/tem fama de muito bom e é uma porcaria (desculpa-me a expressão) e — A Mulher Adúltera q. não te assuste o titulo, é um romance muito moral, e até beáto, posto que seja muito ruim. Forão-me recommendados pelo Pantaleão como uma obra prima (ou duas).

Esta carta é mais resumida do que as que te tenho escripto, mas, ainda assim, é muito mais extensa que todas as tuas á mim escriptas. Dirás: quem déra que fosse mais curta, ao menos não encerrava tanta má criação. Perdôa á tua malcriada, é tão novinha!

Concluindo peço-te um beijo e que perdôe á tua prima que te abraça.

Conftancinha

Julinha

Muito estimarei que estas mal traçadas linhas vá encontrar-lhe com saúde, que é o meu desejo. Recebi a tua cartinha a qual muito prazer me deu por saber que você e todos da família gozão perfeita saúde.

Diga á Norica que eu fiz um crochet muito bonito para ella, mas não tenho portador para mandal-o e achando quem o comprasse por um preço muito além do que venderia se eu fizesse para vender, resolvi vendel-o, mas vou fazer outro.

Na tua carta não achei motivo nenhum para rir, sinão no lugar em que dizes que eu devia estar com saudades do péquetréfe do Amintas. Tu me humilhaste e eu me vi pela primeira vez humilhada.

Ainda não vi a irmã do Klier, por que a Alice morava muito longe. Agora mora no chalet que tem no fundo da horta da D. Joanna Marçal. Já tive noticias que ella é insupportavel (ella Kilier) mas irei muito breve á casa da Alice.

A Totóca veio hoje participar-nos o casamento da Paulina com um pharmaceuthico, chamado Marciano Lôres; não sei se o conheces, eu nunca ouvi pronunciar esse nome, sinão hoje. Disse-nos tambem a Totóca que a Ignes breve será pedida por um moço que a adóra, segundo ella ouviu dizer na rua. Este é o Antonio Olintho. O breve da Estephania accabou-se, começou o da Ignez.

Lembranças á todos de tua casa e um beijo á Norica outro á Nikita.

Recebe um abraço de tua amiga

Constancinha

Sinhoca, supplemento tem por fim dar-te uma novidade de que me ia esquecendo. O Affonso Albino perguntou-me, haverá dous mezes, o que eu achava melhor: elle ir para S. Paulo ou ficar aqui mesmo na Eschola de Minas. Eu respondi que era melhor elle ir para S. Paulo, porque elle tinha feito o último preparatorio para estudar Direito e tinha essa tenção e perguntei ao mesmo tempo o que o obrigava a ficar aqui, ou se tinha mudado de resolução. Elle disse que ia mesmo para S. Paulo, visto que era o meu conselho, mas depois de reflectir um momento, disse: Esperem bem que eu vá para S.Paulo, não vou, estudarei na Eschola. E assim foi ou é o idiota aqui ficou. Embora ficasse, poucas vezes o vejo porque está estudando com um affinco que não lhe dá tempo para mais nada.

a mefma.

01.06

Querida Sinhoca

Principio dizendo que estou doente. Não te respondi, como me pediste, logo que recebi tua carta porque o D^or^ Pedro me prohibiu de fazer qualquer trabalho que dependa de attenção, principalmente sendo preciso fixar o olhar. Se eu não estivesse vigiada teria escripto, apezar de eu ter tido experiencia que isso faz-me mal, porque, não sei se foi a commoção que senti quando li tuas cartas e a da Nikita, que me fez passar muito mal o resto do dia. Agora não te digo a molestia porque ficarás assustada, deixa para quando escrever outra vez, que, com certeza ja estou sã. Hoje estou melhor.

O Calógeras sahiu no dia 22 e não no dia 20, elle foi á caza da Ihá na manhã do dia em que partiu, eu ainda estava lá e não o vi porque demorou-se muito pouco, e eu estava na horta n'esse tempo. Tive muito pezar de não o ver. Com certeza já sabes d'isso, já estiveste com elle, não?

O Cupertino que nós pensavamos estar no 2° anno, está no 3°, fez exame juncto com o Calogeras, a prova d'elle foi classificada em 2° lugar e a do Calogeras em 3°.

Não sei o que escrevo, tenho fébre e estou espiando para ver se vem alguem para eu esconder o papel e a penna.

Sinhoca, quando me escreveres seja um pouquinho mais discréta porque é precizo esconder muito tuas cartas para que outros não leião, ou então queimal-as, isso me custa muito, prefiro não saber os teus segredos a trahil-os, ainda que involuntariamente.

Adeus, minha querida, envio um abraço a Norica, um a Julinha, outro ao Luluca e muitas lembranças á meus tios, e tu receba um apertadíssimo de tua amiga que te adora.

Constancinha

Queridiſſima Nikita

Não é preciso que me digas para pedir á Deus para que volteis, isso eu faço sempre, embora eu pensasse que estavas mais satisfeita lá do q.' aqui. Mas agora, que sei que tu tens vontade de voltar, redobro as supplicas.

Estive em caza da Ihá até o dia de S. João, n'esse dia viemos para as Cabeças, a Ihá almoçou, jantou e dormiu em caza da Caluta e no dia seguinte ficou até as 2 horas.

Tenho uma noticia a dar-te, mas é muito triste: a Angelina Catão está viuva e com cinco filhos. O marido morreu com 24 annos apenas. Outra também muito triste: o noivo da Ethelvina Lopes está prestes a morrer, talvez á esta hora já elle esteja morto.

Escreva-me o mais breve que for possível, tu não fazes idéa a alegria q. eu tenho quando recebo uma carta de tua caza.

De tua amiga q.' te abraça

Conſtancinha

P.S. Deixei as noticias ruins pr'ra ti, reparaste? Mas isso não foi de proposito, desculpa-me.

01.07

Querida Sinhoca

Não te assustes mais com a minha molestia, que foi uma cousa atôa: tive uma congestão pulmonar, e bem sabes que essa doença só tem perigo logo que attaca. Já não lanço mais sangue. Lançar sangue, propriamente, foi só duas vezes: uma logo que adoeci e outra no dia em que recebi a tua querida carta, fóra disto só algumas golfadas ou escarros, isso mesmo já ha seis ou sete dias que não tenho mais nada, só uma tosse muito amolladora.

Consultei com D[or] Pedro á respeito da minha ida, mas elle disse que uma viagem agora me seria muito prejudicial (á mim não, á minha saúde) só d'aqui á alguns dous mezes, isso me faria muito bem. A Mamãi não disse que não deixava e nem que deixava eu ir, disse só que faria todo o sacrificio possível para eu ser curada.

Perguntastes-me pela Ethelvina: o noivo morreu e ella está desesperada, contudo ella não fez nenhum berreiro no dia em que elle morreu, só o que ella fez foi cortar os cabellos e pôr dentro do caixão, cortou quasi á escovinha, enfim, cortou quanto poude. Quizerão impedil-a de fazer isso, mas ella disse que tinha prazer em tel-os compridos porque elle achava-os bonitos (e ella os tinha lindos) mas agora que elle não podia ver, levasse consigo... que se ella toda não ia é porque não havião de querer enterral-a viva, mas que em breve havia de ser enterrada morta. Eu acho que ella morre mesmo, desde que o noivo morreu (que ha talvez cinco dias) ella não aceita allimento algum. Disse-me a mulher do 36 que ella está em uma cama, vestida com uma camisa de dormir que foi d'elle, e que não dá uma palavra á ninguem, cumprimenta á todos com um sorriso tão triste q.' se ella chorasse não comoveria tanto. É muitíssimo infeliz a Ethelvina. A mai e o pai d'ella estão muito tristes com essa resolução, a mai chora, o pai esbraveja, mas ella não atende á cousa nenhuma. Dizem que o pai foi o autor da sua morte, porque os medicos disserão q.' se elle cazasse sarάva, mas o Sr Lopes não quiz, por causa de um miseravel conto de reis q.' o padrinho deixou para a Ethelvina.

Não tenho outro assumpto, por isso discorri tanto sobre esse que já deves estar amollada, e por isso te digo — adeus.

Diga á Nikita e Norika que eu hoje não posso escrever para ellas, mas breve hei de fazer isso. Diga também á Nikita que eu vi o Chico Catão á poucos dias na janella do Sr Passos. Agradeço a todos o interesse q' teem tomado por mim. Lembranças á todos. De tua amiga que te abraça

Constancinha

P.S. Não espere que eu te escreva para depois me escreveres; não me deixavão fazer nada durante a minha doença, de sorte que, agora tenho muito que fazer. Diga o mesmo ás outras.

01.08

Querida Sinhóca

Deves estar furiosa commigo, e dou-te razão, mas depois que souberes que tenho continuado doente me desculparás, sim? Pois hoje, para te escrever, não fazes idéa a violencia que fiz sobre mim. Não é tanto a molestia nem a bambeza que provém d'ella que me desanimão ou me desanimavão, era a falta de assumpto; nem mesmo eu sabia como principar a carta. Mas desde que eu tive o que te dizer é que cahi e recahi doente.

Tu não deves ignorar que os estudantes da Escola de Minas — fizerão uma conferencia na casa da Escola onde orou o Juvenal de Sá e Silva, e que á noite houve um concerto esplendido na Assembléa (tudo isto no dia 12 de Outubro, 11° anniversario da Escola). Mas não quero estender-me á esse respeito, isto é somente para dar-te uma notícia do Calogeras. Elle veio aqui com o Jaguaribe para me convidarem á assistir ás festas. Está cada vez mais bonito e o Jaguaribe mais sympathico (não se pode dizer que esta creatura é bonita). Mamai achou-os muito distinctos (não como a Nikita acha). A razão da extrema sympathia que ella notou n'elles, suponho que é a seguinte: dissemos que não podiamos ir porque eu estava com uma bronchite fortíssima, e elle disse que ao menos á conferencia podiamos ir; mas eu, que me lembrei mais d'um vomitório de tártaro que tinha tomado dous dias antes do que da moléstia, sentindo não ir ao concerto, disse: não sei q^{do} hei de me curar! Isto foi motivo para o Calogeras e o Jaguaribe rirem-se muito de mim, pensando (que idiotas!) que eu estava com muito medo de morrer. Mamãi pensa sempre de mim o que elles pensarão n'esse momento, e, por isso, ella pensou que elles me animarão muito porque eu fiquei um pouco alegre. Não é natural que eu ficasse? Não via o Calogeras a muito tempo, e eu estimo-o muito porque tu... tu bem sabes.

Breve te darei outras noticias dos ditos, porque mandei-lhes umas flôres, que elles me pedirão e ficarão de, eles mesmos, trazerem o cêsto.

Por causa d'esse cêsto, temos passado apuros, isto é modo de dizer, quem tem passado apuros é a Mamai, eu tenho ouvido amollações, porque o cêsto é da Mariasinha e ella clama-o todos os dias querendo que mandêmos buscal-o, embora elles ficassem de trazel-o, porque, diz ella, isto de estudantes... O cêsto custou 4 cobres, os galés trouxerão n'esse dia muitos outros, e por infelicidade nossa, não trazem mais. A Mariasinha está aqui em casa, deve haver dous mezes e ainda não pario (Ai!).

Dizes que sentes muito calor e por isso tens inveja de mim, pois eu tenho muito mais de ti porque estou ficando corcunda por me encolher (não é cassuada, não) para evitar o frio no peito, onde eu sinto mais.

Aqui as jabuticabas estão dando com extrema abundancia, e dizem todos que são magníficas. Até n'isso tenho inveja de ti, porque eu vejo e não as posso comer. Desde Junho que tenho tomádo remedios, um após outro, e, presentemente estou tomando dous e sendo fricionada nas costas com óleo de croton, já é a 2ª vez que uso d'este ultimo, que é mil vezes mais cáustico do que o iôdo, digo isto porque o D^{or} Pedro disse que o iôdo não queimava quanto bastasse. Diga isso a Nikita para que ella fique tão paciente como eu. A primeira vez que me foi applicado esse remedio, minhas costás, desde o pescoço até a cintura ficarão amarellas de pús, e só quando ficarão assim é que fiz a ultima fricção, senti dôres horríveis e deppois uma cosseira que não era cosseira era uma cosseira infernal. D'esta ultima vez, agora é que tem as primeiras bôlhas.

Tu, quando me escreves, não dás nunca noticias de ninguem d'ahi. A Nikita foi doente, a Norica um pouco morrinhenta.

Diga-me como vão ellas, se já uma sarou e a outra largou dos queixumes. A Norica, se bem me lembro, está lambiscando um... um... um... fidalgo (não é mesmo isso?). Que faça bom proveito. Manda me dizer se isso continua, e com que caráter.

Espero que me escrevas brevemente. Todos os nossos que cá estão vão passando muito bem, graças a Deus. Soubemos por intermédio da Tia Izabel que'o nosso primo Joaquim Cavalcanti perdeu a mulher.

Não me escrevas tão laconicamente como costumas, eu desejo ter noticias minuciosas de lá, sómente da tua casa, o mais, pouco me importa. Eu já dei o exemplo, e espero que o sigas.

Beijos á todos e a ti e Nikita mais ainda.

De tua

Constancinha

Julinha, escrevo-te agora, não com o intento de approveitar esta nesga, mas sim para não esfriar a nossa correspondencia, se não te escrevo mais é porque a luz se me somme dos olhos e a mão cançada desfallece.

Adeus, recebe um beijo de tua prima

Constança

Chaves

Joaquim Caetano da Silva Guimarães, irmão de Bernardo Guimarães — Nascido em 6 de maio de 1813 e falecido a 20 de agosto de 1896. — Foi ministro e Presidente do Supremo Tribunal de Justiça. Deixou seis filhas e um filho, quase todos citados nas cartas de Constancinha, filha de Bernardo Guimarães, que morreu tuberculosa aos 16 anos de idade. As cartas foram doadas a José Guimarães Alves por Sinhoca, através de Julinha, sua irmã.

São as seguintes as filhas de Conselheiro e Ministro Joaquim Caetano da Silva Guimarães conforme eram tratadas familiarmente:

Sinhoca: Elisa, casada com João Pandiá Calógeras;

Nikita: Anna, morreu solteira e tuberculosa quase ao mesmo tempo que Constancinha, filha de Bernardo Guimarães;

Ihá: Constança, casada com Henri Gorceix e que deixou descendentes na França, em Limoges (Cecille) e Clermont Ferrandi;

Caluta: Caluta, casada com o engenheiro Paul Ferrand, vindo da França com Henri Gorceix, deixou descendentes no Brasil, MG, duas filhas e um filho médico;

Fanny: Francisca, casada com o Engenheiro Alcides Catão da Rocha Medrado;

Julinha: Júlia, casada com Affonso da Silva Guimarães, seu primo, filho de Bernardo, e de quem se separou;

Dr. Luis Caetano da Silva Guimarães, magistrado, Juiz de Direito de Caeté. Casado com Evangelina Vasconcelos Vianna, de quem teve descendentes como Djalma Guimarães, mineralogista e petrografo de renome, Jacques, que foi Chefe de Gabinete de Israel Pinheiro quando Secretário da Agricultura no Governo de Benedito Valadares, e outros como René e Caio. O Dr. Luis Caetano da Silva Guimarães era familiarmente chamado de Luluca.

Outros familiares citados por Constancinha:

Donana Guimarães Deschamps, irmã de Bernardo Guimarães, casada com Constâncio Deschamps, dos quais descende o General Deschamps Cavalcanti;

Barão de Paranapiacaba e seu filho;

Raimundo Athayde, casado com uma irmã de Bernardo Guimarães, neto do pintor Athaide;

Affonso Albino: Alfonsus de Guimarães;

Norica: Leonor, filha do conselheiro e Ministro Joaquim Caetano da Silva Guimarães. Morreu solteira.

A moça que escreveu as cartas

Constança da Silva Guimarães nasceu em Ouro Preto no dia 11 de novembro de 1871 e morreu em 29 de dezembro de 1888, também em Ouro Preto, vítima da tuberculose. Era filha do escritor Bernardo Guimarães e de Teresa Maria Gomes Lima (Guimarães), que geraram seis filhos e duas filhas, Isabel e Constança. Seu prenome era como uma herança de família: sua avó paterna chamava-se Constança Beatriz e várias primas tinham o mesmo nome.

Olhando seu retrato, quantos anos teria? Apostemos em 15 anos. A data da foto seria 1886, então. Entre 1880 e 1889, havia doze fotógrafos em Minas Gerais e a itinerância desses profissionais era grande. Guilherme

Liebenau talvez tenha sido o que mais circulou por toda a província e mais inovou trazendo, como ele próprio dizia, "vistas dissolventes dos lugares mais bonitos do mundo" para encantar a todos. Em 1885, seu estabelecimento foi posto à venda por morte de seu proprietário. Outro fotógrafo, Luiz Costa, manteve seu estúdio em Ouro Preto entre 1880 e 1900. Talvez tenha sido ele quem tenha tido o privilégio de estar atrás de uma câmera capturando o momento em que aquele discreto sorriso se esboçou. O rosto dela nos mostra uma moça morena de olhos rasgados, sobrancelhas grossas, nariz largo, cabelos cacheados, presos à nuca, repartidos ao meio, com uma franja bem anelada. Não há propriamente um penteado, ou uma exibição de moda, é só um jeito de estar arrumada para a ocasião. O que há de melhor na foto é o seu sorriso, como quem segura o riso... ou como quem se deixa fotografar em generosa concessão. É sorriso de moça inteligente que, sem trejeitos de sedutora, seduz. Na mão esquerda um lenço, e as botas completavam o vestido de anquinhas, muitos babados e rendas. No jardim, folhagens de bambuzinho, comigo-ninguém-pode e, ainda não florido, lírio-do-vale, flor perfumada muito comum na região.

A Ouro Preto do século XIX vive o remorso do século XVIII, quando se chamava Vila Rica. Delações, traições, assassinatos e uma cabeça de homem exposta em praça pública deixam marcas nos lugares e nas gentes. Em 1811, o aniversário de 100 anos da Vila não foi comemorado, contudo o século XIX começara com fausto em todo o Brasil. O rei de Portugal chegou e a Colônia tinha esperança de mudanças. Mudanças vieram: em 1822, a Independência foi proclamada e Vila Rica recebeu o título de Imperial Cidade de Ouro Preto, conferido por dom Pedro I do Brasil, tornando-se oficialmente capital da então província das Minas Gerais. O tráfico, a escravização e os pelourinhos continuaram por muito tempo. Em Ouro Preto, movimentos abolicionistas comemoraram, em 25 de março de 1884, o passo dado pelo Dragão do Mar, que conseguiu a abolição da escravidão no Ceará, quatro anos antes que a pena da princesa a declarasse. Bernardo Guimarães era abolicionista, mas por essa época já estava muito doente.

Talvez essa tenha sido a Ouro Preto que Constança viu, a Ouro Preto onde viveu: passou e entrou por suas igrejas artisticamente enfeitadas para a morte e para a devoção; foi a concertos na Casa da Ópera e a saraus musicais em casas de amigos; viu galés acorrentados uns aos outros varrendo as ruas da cidade, viu mercados de compra e venda de escravizados na praça. No entanto, não chegaria a ver as melhorias pelas quais a vila passou, não veria o calçamento das ruas, a iluminação elétrica, a água encanada, como também não veria o abandono a que foi delegada Ouro Preto, quando da mudança da capital em 1897.

Os Guimarães, mas não todos

A família de Constança era numerosa. O patriarca, José Joaquim da Silva Guimarães, nascido em Sabará em 1777, estudou com padres e foi para Ouro Preto, onde abraçou a carreira militar a serviço do conde de Sarzedas. Casou-se em 1811 com Constança Beatriz de Oliveira. Para honrá-la, muitas mulheres da família Guimarães ganharam seu nome. O filho mais velho do casal, Joaquim Caetano da Silva Guimarães, pai das primas com quem Constança se correspondeu, nasceu em 1813, estudou no Caraça e cursou Direito em São Paulo, o que lhe garantiu uma carreira sólida, itinerante e com um final triunfante.

Bernardo Guimarães, o pai de Constança, era um homem de grande força tanto literária quanto pessoal. Segundo alguns críticos, seus romances trazem a marca do regionalismo, não só pela época em que mais produziu, mas também pelos temas e circunstâncias escolhidos. Entretanto, não escapou de ser classificado, quase como uma acusação, de romântico, sobretudo por seus poemas. No entanto, talvez nada se compare à sua produção de poesia satírica, bestialógica, burlesca. A vida que teve, suas experiências boêmias, muitas vezes escatológicas como as que teve na Sociedade Epicureia, levaram-no a produzir obras eróticas e satíricas. Em 1860, *A voz do pajé*, primeira versão de seu poema *Elixir do pajé*, é encenado em Ouro Preto — um longo poema erótico, ou obsceno, como dizem alguns, um lamento dos homens "broxas", que só será publicado em 1914. Suas andanças como juiz até o Centro-Oeste mostraram um Brasil do qual não se supunham sequer as paisagens. O humor entra, tal como o romantismo, em sua poesia. Cito, entre outros poemas bem-humorados, *O nariz perante os poetas*:

> Cantem outros os olhos, os cabelos
> E mil cousas gentis
> Das belas suas, eu de minha amada
> Cantar quero o nariz.

Bernardo, ao contrário do irmão Joaquim, quando foi estudar Direito no Largo de São Francisco, aproveitou-se do que sua juventude lhe podia oferecer, e, mesmo com alguma dificuldade, foi aprovado em segunda época. Foi então que os amigos inseparáveis Álvares de Azevedo e Aureliano Lessa criaram a Sociedade Epicureia, sob a inspiração de Lorde Byron. O epíteto que dá título à sociedade já mostra a que valores estéticos e éticos se ligavam: busca de indiferença diante da morte, sensualidade e luxúria, libertinagem. Sem dinheiro, a solução que acharam para conseguirem um almoço tornou-se anedota. Álvares de Azevedo foi deitado como morto, coberto por um lençol, cercado de velas, prantos, algum dinheiro para o enterro foi angariado pelos amigos arrasados e pelos escravos de ganho. A certa altura, o morto percebeu que o almoço já estava servido, levantou-se e foi ocupar seu lugar no banquete. Álvares de Azevedo morre aos 21 anos, Aureliano Lessa vai para Pernambuco e Bernardo Guimarães é nomeado juiz em Catalão, Goiás, quando dá início à publicação de seus poemas. Desfaz-se, assim, a Sociedade.

Em 1859, inicia atividade de jornalista e crítico literário em *Atualidade*, jornal fundado no Rio de Janeiro, pelo amigo também mineiro, Flávio Farnese. Faz críticas sociais e escreve longamente sobre o pai, falecido em 1858, "poeta educado na pura escola clássica, e como tal deve ser julgado". De muitas anedotas é cercada a vida de Bernardo. Em 1861, quando volta a ser juiz em Catalão, ocorre uma delas. Impressionado com a superlotação do presídio e o mau tratamento dado aos presos, convoca uma sessão extraordinária de júri para julgar onze réus. Foram todos absolvidos e soltos imediatamente.

Por essas e outras, em 1864, ou meados de 1865, o pai de Constança muda-se novamente para o Rio de Janeiro e continua publicando poemas, inclusive *A orgia dos duendes*, classificado pelos críticos ora como satírico, ora como obsceno, ora como barroco. Em 1866, fixa-se em Ouro Preto e é nomeado professor de retórica e poética do Liceu Mineiro; no ano seguinte, casa-se com Teresa Maria Gomes de Lima. Em 1873, dá aulas de francês e latim em Queluz — MG (hoje Conselheiro Lafaiete), para onde se muda, temporariamente, com toda a família. Sua carreira de jornalista também não é bem-sucedida, aliás, não há carreiras formais em que Bernardo se saia bem. A liberdade lhe é necessária para escrever. E como escreveu! Sua produção literária, de romancista e de poeta, é vasta, mesmo que nem sempre apreciada. Talvez seja o escritor brasileiro cujo nome seja mais conhecido, porque escreveu o romance *A escrava Isaura,* que, transformado em telenovela, atravessou mares e foi parar na China. Assim se define Bernardo no prólogo de *Folhas de Outono*: "Aventurando estas reflexões, é meu unico proposito exhibir minha profissão lle fé em litteratura, declarando, que sou ecletico, isto é, que sigo todas as escolas, ou por outra que não sigo escola nenhuma".

A Livraria Garnier quase sempre foi a sua editora, e, depois da morte do livreiro Baptiste Louis Garnier (1893), Machado de Assis comenta:

> Os seus catálogos estão cheios dos nomes principais, entre os nossos homens de letras. Macedo e Alencar, que eram os mais fecundos, sem igualdade de mérito, Bernardo Guimarães, que também produziu muito nos seus últimos anos, figuram ao pé de outros, que entraram já consagrados, ou acharam naquela casa a porta da publicidade e o caminho da reputação.

A muito jovem Teresa, com quem se casou, era leitora ardorosa de seus poemas. Havia nascido em 1850, sabia escrever e lia boa literatura, a de Bernardo, pelo menos. Sua mãe, Dona Felicidade, era dona da Rancharia, moradia da família e pouso obrigatório para tropeiros e viajantes. Era uma mulher de negócios e atitudes ousadas, que salvou a família da filha Teresa muitas vezes. Teresa teve oito filhos: João Narbor (1868) (que morreu tragicamente, ingerindo, inadvertidamente, veneno, em 1873), Horácio (1870), Constança (1871), Isabel (1873), Affonso (1876), José (1882), Bernardo (1883) e Pedro (1884). Bernardo Guimarães morreu em 10 de março de 1884, antes que seu filho caçula, Pedro, nascesse. Não consigo deixar de imaginar o sofrimento dessas mulheres que tinham um filho por ano. Se os tempos eram de escravaria, certamente não deveria ser o caso do solar dos Guimarães, onde a pecúnia mais faltava que sobrava. Em um país onde quase todos os habitantes eram analfabetos, um escritor sofisticado, pouco conservador e bastante desafiador dos costumes, ideias e ideais da época não ganhava dinheiro. Cabia a ela, Teresa, a incumbência de amamentar, limpar, trocar, cuidar, alimentar. Os pequenos e os grandes. Teve em sua mãe, D. Felicidade, uma grande aliada no enfrentamento de suas dificuldades. Não são poucas as referências às atitudes de coragem de Felicidade em vários manuscritos, jornais, depoimentos de contemporâneos, parentes e escavadores de uma biografia ainda não feita. A sua ligação familiar com Bernardo e sua admiração a levavam a protegê-lo muito mais do que ele gostaria, pois ela controlava seu acesso aos goles de que ele tanto gostava. No entanto, dizem que disse: "Não me queixo da sorte. O meu destino é de tal ordem, meu amigo, que a minha sogra tem o nome de Felicidade". Constança em nenhuma de suas cartas menciona a avó. Talvez por ela ser do lado materno da família, que era Lima e não Guimarães.

A família residiu por um tempo na Rancharia, e Bernardo tinha de cavalgar quase duas léguas nos dias em que ministrava suas aulas no Liceu Mineiro, o que era realmente um sacrifício. Via-se obrigado a pernoitar na cidade, em casa de algum amigo, para, no outro dia, após outras aulas, regressar à fazenda. Sua sogra, certamente percebendo que esse tipo de vida o fazia desobrigar-se da família, comprou o sobrado das Cabeças, espaçoso casarão, dentro de Ouro Preto. O Alto das Cabeças é lugar de memória, em alusão às cabeças dos enforcados que ali se supliciavam, no Campo da Forca, próximo à Capela do Senhor Bom Jesus de Matosinhos, conhecida em tempos idos por Capela de São Miguel e Almas.

Bernardo Guimarães ficou acamado por algum tempo, necessitando de cuidados, e os tinha todos. Vida de boêmio não faltou ao violonista e amante de bebidas fortes, e talvez a cirrose tenha contribuído para sua morte. Morreu no dia 10 de abril de 1884. Foi enterrado no cemitério ao lado da Igreja de São José, cujo nome original era Capela de São José dos Pardos e Bem-casados e Santa Cecília dos Músicos. Ele era bem-casado, como todos os homens de sua época, e também podemos considerá-lo pardo? Os músicos, nessa Vila Rica, eram negros ou pardos, e a corporação de Santa Cecília era importante por sua composição musical e formas de tratamento de suas apresentações. Os retratos de Bernardo Guimarães mostram um homem com cabelos anelados, barba curta e enroscada, traços e olhar firmes. Um belo homem para a pose de um retratista.

Quando de sua morte, Constança tinha 13 anos. Imagino-a saindo do enterro do pai, cercada pelo afeto de suas primas e amigas. Seu corpo está cansado do pranto e da tentativa de consolar os irmãos menores; o consolo não lhe vem e está preocupada com sua mãe grávida. E de que viveriam agora? Seu pai era o provedor.

Como disse antes, a pecúnia mais faltava que sobrava na Mansão das Cabeças. Prova disso é que, logo depois da morte do escritor, no dia 10 de abril, convocou-se pelos jornais:

> Constituiu-se nesta cidade uma comissão central que se encarrega de promover em toda a província uma

subscrição em benefício da viúva e filhos do finado poeta e romancista Bernardo Guimarães.

Desembargadores, militares, representantes do comércio, da instrução pública, da imprensa e outros estariam encarregados desse provimento de fundos para a instrução dos seis meninos e sustento da família. Na edição de 17 de abril de 1883, no jornal *A Província de Minas*, explicam-se os procedimentos a serem seguidos por quem quisesse contribuir em favor da família. Também se passou a vender retratos "do distinto poeta", feitos pelo retratista Guilherme Liebeneau, por 2#000 cada um. O resultado da nobre iniciativa, até onde consegui apurar, a história engoliu.

Momento de glória que contrastava com a maneira simples da família de Bernardo aconteceu quando D. Pedro II, a convite do fundador da Escola de Minas de Ouro Preto, em 1881, visita a escola. Entre seus muitos pedidos, está o de ter acesso às obras de Bernardo Guimarães e conhecê-lo pessoalmente. Contam, e repercutiu em jornais, artigos e livros que, quando Bernardo entrou na sala do palácio do governador para os cumprimentos, já com as obras em bandeja de prata, e com cada mão pousada sobre os ombros de Isabel e de Constança, respectivamente com 10 e 12 anos, o imperador perguntou, lançando um olhar sobre os livros: "São essas suas melhores obras?". Ao que Bernardo Guimarães respondeu, abraçando as filhas: "Não, são estas".

As inditosas

Constança Innocente nasceu no dia 11 de novembro de 1871. Era um sábado e era lua nova. Só foi batizada seis meses depois, aos vinte e nove dias de abril de 1872, na Igreja do Pilar, pelo vigário-geral Joaquim Jose de Santana (Livro de Batismos X, folha 64, verso). O que lhe terá acontecido ou à sua mãe para que seu batizado tenha sido tanto tempo depois? Seu pai estaria viajando? Ah, o inescrutável do passado. Sabe-se dele apenas a ponta de um fio que se perdeu.

Sua morte está registrada no Livro de Óbitos VII, folha 184, verso, aos 28 de dezembro de 1888. Era uma sexta-feira e a lua era quarto minguante. Os jornais noticiaram:

> Falleceu no dia 29 do mez p. passado, nesta capital, a joven D. Constança Guimarães, filha do grande poeta mineiro Dr. Bernardo Guimarães.
> A' família da inditosa jovem dirigimos os nossos sinceros pezames.

Nessa nota de falecimento, D. Constança Guimarães é apresentada como jovem, filha de grande poeta e, diz-se dela, inditosa. Outro poeta, que não chegou a noivar, aquele cujos "sonhos de amor serão defuntos", vagou pelas ruas de Ouro Preto chorando sua dor.

> Hão de chorar por ela os cinamomos,
> Murchando as flores ao tombar do dia.
> Dos laranjais hão de cair os pomos,
> Lembrando-se daquela que os colhia.
>
> As estrelas dirão — "Ai! nada somos,
> Pois ela se morreu silente e fria... "
> E pondo os olhos nela como pomos,
> Hão de chorar a irmã que lhes sorria.
>
> A lua, que lhe foi mãe carinhosa
> Que a viu nascer e amar, há de envolvê-la
> Entre lírios e pétalas de rosa.

Os meus sonhos de amor serão defuntos...
E os arcanjos dirão no azul ao vê-la,
Pensando em mim: — "Por que não vieram juntos?"

Alphonsus de Guimaraens

Muitas outras vidas de homens e de mulheres, ao longo de séculos, foram vitimadas pela tuberculose. Mulheres que ficaram tuberculosas, adultas e jovens, havia em quase todas as casas no século XIX e XX; são histórias ainda não contadas, para as quais não houve um túmulo escriturário. Uma dessas histórias nos foi contada por Irene Nogueira de Rezende e começa em 1903, em Ponte Nova (MG). Marietta, filha de família de fazendeiros abastados que acumularam riqueza com o trabalho escravo, casou-se depois da abolição com outro fazendeiro, Antônio, e não foi feliz. Todo labor da casa estava a seu encargo, e pariu nove filhos: Eliza, Iris, Gabriel, Aracy, Achilles, Antonietta, Olympio, Antônio e Aura. Em cartas, sua mãe a consolava dizendo-lhe que se reanimasse com fé em Bom Jesus e tivesse paciência e resignação. "Tenha fé em nossa mãe Santíssima que ella te abençoará", escrevia a mãe. Uma violenta tuberculose matou Marietta aos 38 anos. A tuberculose galopou a seu contento sobre as mulheres dessa família e em treze anos matou todas.

Em 1910, uma grave doença atinge Marietta nos olhos. O que antes era segredo da família revela uma doença venérea transmitida pelo marido. Em 1911, Marietta dá à luz sua última filha, Aura. Em 1912, seu estado de saúde se agrava e suas filhas mais velhas, Eliza e Iris, apresentam os mesmos sintomas da mãe. As três estavam tuberculosas. A recomendação médica era a de que deveriam ser afastadas da família e procurar um clima de montanha. Em 1913, acomodadas em colchões sobre carros de boi, foram levadas até Ponte Nova para pegar o trem. Não havia nisso nenhum romantismo, como nos faz crer a literatura. A expressão "enfermiças da vida" Irene Rezende toma de empréstimo a Pedro Nava, e eu tomo de empréstimo a Irene. Inicialmente, foram morar em Sítio, lugarejo na serra da Mantiqueira, mas não deu certo e, em abril do mesmo ano, mudaram-se para Araponga. Já seriam cinco doentes aos cuidados dos pais de Antônio, sogros de Marietta, que adquiriram um casarão em frente à igreja matriz e cuidavam de todas. Duas filhas, uma nora, e duas netas. Na fazenda, a filha mais nova, debalde todos os esforços da mãe de Marietta, morreu. O sofrimento com a morte de duas filhas nesse mesmo ano é enorme. Aura, a que morreu na fazenda, e Iris a quem, junto a si, vê definhar até o fim. Eliza escreve ao pai:

> Há! Que triste vida a nossa! Iris, coitadinha, está passando muito mal; já não tem forças para assentar na cama, pouco come e quase não dorme, sente dores no corpo todo, até dor de cabeça já teve, cousa que ella nunca sente; geme noite e dia com a maldita dor de barriga; é um gemido triste que corta o coração!... Está

> sempre clamando que morre, que não aguenta mais tantos sofrimentos...

Marietta, que despedia-se dizendo "Tua como sempre", escrevia ao seu marido um relatório médico, contando que media e comparava os graus da febre. Na carta seguinte, continuava, "Tua como sempre", em seu cortejo de amarguras, pedindo-lhe que ("por favor") quisesse aceitar um saudoso abraço. O médico também escreveu ao patriarca para dar-lhe notícias de suas doentes D. Marietta, D. Eliza, D. Donaria e D. Estephania. Por ele, isolaria ainda mais Marietta para preservar as outras, muito embora já fossem um caso declarado de tuberculose.

Na véspera do Natal de 1913, Eliza escreve ao Querido Papae:

> Coitada de minha Mãe, está tão acabada... Meu Deus não sei até quando seremos infelizes... Eu já não tenho esperança de sarar; só espero a morte; pois só ella é que nos dá o remédio que cura este mal terrível. [...] Outro dia responderei a carta de Aracy; hoje estou com a mão muito trêmula; não sei como pude escrever esta.

As consternações, as contristações entre essas mulheres eram profundas e pareciam intermináveis. Em 1914, morreu Marietta e foi enterrada lá mesmo, em Araponga, ao rés do chão, e nem cruz nem lápide sobraram para contar a história do destino do seu corpo.

Ao “Saudoso Papae”, Eliza continua escrevendo, como se abdicasse de si, e diz: “já não quero injeções, o que tiver de gastar comigo, gaste com Aracy pois eu já não tenho mais cura e ella se infelizmente estiver com propensão para este mal, pode curar-se...”.

Era um mal, maldita palavra, tuberculose, que não se dizia e ainda assim ia galopando. Eliza Monteiro de Rezende morreu aos 23 anos, em agosto de 1918. Seu confinamento durou cinco anos.

Depois da morte da mãe e de duas irmãs, Aracy voltou a estudar em Ponte Nova, no colégio Nossa Senhora Auxiliadora. Antonietta, para fugir dos que apontavam com o dedo a família das tuberculosas, foi estudar em Mariana, no Colégio da Providência. Em 1922, seus primeiros sinais da consunção já foram sentidos. Até o fim desejosa de uma visita do pai, morre no início de outubro de 1922. Sua morte foi anunciada ao pai em carta escrita pela Superiora:

> [...] A nossa Antonietta foi se descansar hontem faltando ¼ para meia noite; a coitadinha sofreu horrivelmente este últimos dias, mas hontem passou melhor o dia, tanto que teve muita esperança e desejo de sarar para tratar dos doentes de S. Vicente; não acreditamos, porém, nessa melhora e as 6 horas mais ou menos começou a agonizar e sofreu muito até a última hora [...].

Essa reação de súbita e curta melhora era muito comum em doentes, e Pedro Nava assim a descreve:

> À hora da madrugada e do dia nascente em que a febre caía, o doente enxugava o tronco de marfim, mudava a camisa, abria grandes olhos confortados, sorria, tomava seu leite, parecia que ia reviver e curar.

Quem não saiu da fazenda não levava vida melhor. Em 1924, Aracy, em carta ao pai, expressa seu desejo de sair da Fazenda Esperança e de conhecer algum homem que gostasse dela e com quem pudesse se casar. O pai não permitiu — talvez tenha dito que eram sonsices. Em 1925, ela não escapa da tuberculose. Vai primeiro para um sanatório em Palmyra (atual Santos Dumont) e, não se adaptando, pede para ser internada em Mariana, no mesmo hospital em que a irmã morrera. Em carta, repete as palavras que sua irmã Eliza já havia dito: "Não posso ser mais extensa porque estou muito trêmula". Em 1926, pede ao pai que a leve ao Rio de Janeiro para uma radioscopia, pois, caso os dois pulmões ainda não estivessem atingidos, poderia fazer um "pneumothorax", por indicação do Dr. Gomes Freire. Ela não foi, sabe-se. Em 1927, escreve ao Bom Papae que está muito fraca, completamente sem apetite e sofrendo muito dos intestinos e que terminava [a carta], porque estava muito zonza. Pobre moça. Faleceu aos 27 anos sem nunca ter ido à capital, sem noivar e sem se casar. Junto ao seu leito de morte, nenhum pai, nenhum irmão, apenas as religiosas, as Filhas da Caridade de São Vicente de Paulo. Sua morte foi contada em carta. Anos mais tarde, nosso poeta pernambucano Manuel Bandeira ironizaria:

Pneumotórax

Febre, hemoptise, dispneia e suores noturnos.
A vida inteira que podia ter sido e que não foi.
Tosse, tosse, tosse.

Mandou chamar o médico:
— Diga trinta e três.
— Trinta e três... trinta e três... trinta e três...
— Respire.
— O senhor tem uma escavação no pulmão esquerdo e o pulmão direito infiltrado.
— Então, doutor, não é possível tentar o pneumotórax?
— Não. A única coisa a fazer é tocar um tango argentino.

Essas inditosas da vida foram contadas por Irene. As cartas da inditosa Constança da Silva Guimarães não tinham tom piegas e submisso, não evocavam santos e Deus, tinham um tom muitas vezes sarcástico e irônico, e a relação familiar não aparecia como devoção, mas sim como afeto. Mas as mãos das tuberculosas estavam sempre trêmulas. Se tivesse tido futuro, poderia — quem sabe — ter feito literatura à vera.

Constança não teve saúde. Sua condição de vida era a de uma tuberculosa. Pouco contato social, temporada de repousos constantes e rigorosos, dietas próprias, dores, tosses e muito cansaço. A peste branca ceifou-a sem dó, e ela tinha apenas 16 anos, a idade que tinha sua mãe quando se casou.

A cavalgada da peste branca

A tuberculose, a peste branca, tem sua história. Há quem suponha que alguma coisa como ela já existisse antes mesmo da escrita. Um enigma que os textos de Hipócrates buscaram esclarecer. Consunção, tísica e fimata eram termos para nomear o emagrecimento, a depauperação do corpo, o tumor, a ulceração e o pus. Sons anormais que vinham do peito, uma dor intensa, uma tosse incessante, escarro grosso e purulento, respiração trabalhosa, rouquidão da voz, rubor facial e emperramento da língua. Uma veia que se rompia, o sangue no esputo sobre o lenço branco anunciava longo tempo no leito. Constança mais sofreu que viveu.

Gregos e romanos sugeriam, para a cura, ingestão de pulmão de lobo cozido em vinho; bebida composta de bile de urso, saliva de cavalo e mel; carne de lebre e de caracol; pó de chifre de cervo e um pouco de terra da ilha de Samos diluídos em vinho de murta; aplicações de bálsamos feitos com pinho e mirra; chás de vegetais considerados específicos. Além disso, minerais: arsênico e enxofre; eméticos e purgativos e a prática continuada de sangrias. Sugeridos também o ácido cético, que só fazia dobrar a dor de suas massagens; o creosoto para evitar a putrefação das carnes e, ainda, óleo de fígado de bacalhau, a tintura de cantaridina, um óleo que provocava vesículas, bolhas; sulfato de cobre em comprimidos e a morfina. Tentavam-se poções, mezinhas, injeções, massagens massacrantes, últimas descobertas da ciência, e não se curava. Muitas vezes infligiam-se outras dores, mais dores aos enfermos.

Recomendava-se ar puro e seco. O clima de Ouro Preto em nada favorecia o tratamento de seus doentes: ora quente, ora gelado, mofado, úmido, com longos períodos de chuva. O frio vinha enroscado na umidade, que fazia as roupas parecerem molhadas e bolorentas. Às vezes, estavam mesmo. O ar rarefeito e seco das alturas não estava ao alcance da família Guimarães.

Até o encerramento do século XIX, a maior parte dos estudiosos acreditava que o papel desempenhado pelos micróbios era uma hipótese pouco convincente ou condição secundária no desencadeamento das patologias coletivas. Observava-se, ascultava-se, mediam-se as febres e se faziam quadros diagnósticos, mas não se sabia como curar. Em 1882, o bacteriologista Robert Koch anunciou ter descoberto o "agente causal" da tuberculose, que passou a ser reconhecida como uma patologia causada por um bacilo, o bacilo de Koch. No entanto, só em 1906 foi criada a vacina BCG (Bacilo Calmette e Guérin), usada até hoje.

O romantismo estetizou a tuberculose, e ela foi tema para poemas, novelas, romances e óperas. Na análise que faz Susan Sontag em *A Doença como Metáfora*, os românticos moralizaram a morte de uma maneira nova: a morte pela tuberculose, que dissolvia o corpo todo, eterificava a personalidade e expandia a consciência. Similarmente, era possível, por meio de fantasias sobre essa doença, fazer da morte uma coisa estética. O mito da tuberculose sobreviveu à experiência humana e à acumulação de conhecimentos médicos por quase duzentos anos.

Entendia-se a tuberculose como uma doença que atingia os pulmões. Hoje sabe-se que todo o corpo humano está sujeito ao ataque do bacilo. No século XX, a doença pega Franz Kafka pela laringe. Na sua biografia, são descritos momentos de sofrimento por que passou:

> Mas a doença ainda ganha terreno. Sua garganta o faz sofrer horrivelmente, e ele quase não pode mais comer. Dora chama o doutor Neumann, que só pode constatar o desastre: a tuberculose seguira sua obra de decomposição com tal tenacidade que uma operação cirúrgica

se torna impensável. O diagnóstico chega: Kafka só tem mais três meses de vida; melhor seria levá-lo de volta a Praga, onde lhe serão administrados pantapon e morfina.

Tem vontade de beber cerveja, mas nem sequer água consegue deglutir:

> ... meu desejo de beber água (como sempre se serve em nossa casa depois da cerveja, em grandes copos) e de comer frutas não é menor que o da cerveja; mas, no momento, faço progressos lentamente.

> Agora, às cinco horas, engolir com leite o tédio de seis horas de trabalho, isso ainda tem algum sentido, a rigor, mas quanto ao resto...

O leite estava presente em todas as recomendações clínicas para a cura. No sanatório da *Montanha mágica*, em que ficou Hans Castorp, o branco cintilava. Em cada lugar do restaurante da grande pensão em Davos, via-se um copo grande, de meio litro pelo menos. Os doutores e estudiosos mais exigentes e requintados também recomendavam o leite humano.

Mariazinha, a hóspede que Constança não apreciava, teria leite humano em abundância para alimentar a esperança de todos. Mas tardava. Depois de dois meses, Constança reclamava: “Mariazinha aqui em casa, para dar mais um estupido ao mundo”; “A Mariasinha está aqui em casa, deve haver dous mezes e ainda não pario (Ai!)".

Imagino, penso, sinto com ela... Ai! que me dói o peito, as costas doem-me muito, os remédios são horríveis, dizem que o leite humano vai curar-me, já que as vacas e as cabras já não me servem, e Mariazinha só faz crescer a barriga e nada de parir. Ai! Não vai dar tempo, o ai expressava. O tempo do tuberculoso é curto para fazer projetos, para realizar sonhos. O tempo do tuberculoso é longo... longo tempo obrigatoriamente no leito, longo tempo à espera de um impossível amor, longo tempo à espera de uma extraordinária cura. O silencioso grito de Constança ecoaria mais tarde em Rilke:

> Quem, se eu gritasse, entre as legiões dos Anjos me ouviria? [...] Nem anjos, nem homens e o intuitivo animal logo adverte que para nós não há amparo neste mundo definido. Resta-nos, quem sabe, a árvore de alguma colina, que podemos rever cada dia; resta-nos a rua de ontem e o apego a algum hábito que se afeiçoou a nós e permaneceu.

Restava a rua de ontem, aquela em que os rapazes faziam sua caminhada em direção a Água Limpa para se banharem nus em águas limpas, corpos que Constança não chegou a conhecer. Ouvia contar. Restava a rua que a levava à casa de Ihá, para onde ia quando o esposo desta, o professor Gorceix, embrenhava-se mata adentro. Sempre a mesma rua, que à noite disfarçava amantes encapuçados, fantasmas de outrora, cabeças enforcadas que ainda emitiam risadas. O tempo, como que parado, trazia consigo o tédio, gosma que envelopa o tempo e mela o corpo ao fazer pousar os olhos em coisas que estão ao redor, porque não podem estar em outro lugar. Uma bruma que é lá fora e é cá dentro, a saudade de nem se sabe o quê, e é tão forte que excita o peito já emurchecido. O tédio de saber o já sabido. A sopa que vem quente demais, a escarradeira de porcelana que quebrou e foi colada, a roupa que cola no corpo de tanto suor, o urinol que fede, porque dentro tem de tudo, a cama que range, o colchão que espeta, as visitas que quando se quer não aparecem, mas que sim quando as notícias correm e vêm trazê-las em alguidares de prata. Os olhares piedosos. O tédio faz parecer que o corpo segue seu próprio caminho, desligado da alma. Como se o corpo estivesse morto, só que não completamente, um cadáver adiado, e levasse uma vida bem ativa, como que por conta própria: os olhos veem, os cabelos e as unhas continuam crescendo e o coração martela. O vazio preenchido pela dor, pelo tratamento, pelas visitas do médico que não podiam superar o tédio, o vazio que antecipa a desilusão de um futuro. Quanto mais a vida é curta, mais o tempo é longo.

As primas

Que o leitor se prepare, o caminho aqui não é longo, mas cheio de atalhos — todos levam à Constança. Joaquim Caetano da Silva Guimarães, irmão de Bernardo Guimarães, bem-sucedido advogado, chefe de polícia e juiz, nasceu em 1813 e casou-se com a Tia Maria, de quem nada sei, a não ser que foi, também ela, uma boa parideira. Seis filhas e um filho. Já havia alguma coisa que, desde Roma antiga, poderia ser considerada anticoncepcional, como mezinhas e venenos introduzidos na vagina das mulheres. Mas os filhos eram considerados bênçãos de Deus, e a Igreja Católica era vigilante e punitiva. Assim, depois de muitos filhos, restavam às mulheres muitas orações e promessas, além de estar com sua família.

Entra então, por um casamento, na história da família Guimarães e na história do Brasil, o francês Henri Gorceix, nascido em 1842. Pedro II buscava na França um especialista para criar uma escola de minas. A turbulenta história da escola começa com a inauguração, em 1876. Gorceix encontra no imperador um correspondente, confidente, admirador, incentivador e cúmplice na solução de problemas. Trocam cartas, e, de Ouro Preto, escreve ao imperador sua grande dúvida diante dos sucessivos fracassos de seu empreendimento: "ou eu deixo definitivamente o Brasil ou me estabeleço definitivamente esposando a moça brasileira sobre a qual creio já ter tido a honra de pronunciar o nome diante de Vossa Majestade: é a sobrinha de Bernardo Guimarães". Em dezembro de 1884, quando estava na França, escreve: "Minha saúde melhora e tenho pressa de poder voltar. Existe agora em Ouro Preto uma pessoa, não a escola, que espera com impaciência meu retorno". É de notar que, até aqui, essa pessoa nem nome tinha. Nas biografias de Gorceix, não constam nem seu nome nem seu retrato. E, em 25 de junho de 1885, comunica então ao imperador o seu casamento no dia 27 de junho. Não era (é) raro que, por meio de casamentos, familiares subissem de posto em seus empregos. Assim, o pai das primas queridas, Joaquim Caetano, foi nomeado, em 12 de fevereiro de 1887, para o cargo de ministro do Supremo Tribunal de Justiça. Foi essa nomeação — por coincidência, logo depois do casamento de sua filha mais velha com alguém muito próximo ao imperador, Gorceix — que fez com que as primas de Constança saíssem de Ouro Preto e fossem para o Rio de Janeiro.

A correspondência entre elas se inicia em 27 de maio de 1887, e dela só temos as oito cartas, todas enviadas por Constancinha. Aquelas primas que haviam sido amigas, parceiras, companheiras quando crianças estavam longe. As primas que ficaram em Ouro Preto eram casadas e mais pediam que davam. Só as cartas alcançariam aquelas com as quais Constança tinha intimidade e por quem tinha afeto, e o correio era sujeito a chuvas e trovoadas. As cartas são de queixas da doença, muitas vezes irônicas, mas também cheias de observações do que se passava na cidade. Achava que estava um pouco burra e um pouco doente; julgava-se esquecida, porque quase não passeava — escreve: "e mesmo eu não estou aqui, estou mais lá contigo do que commigo". Uma doença em que morte e a vida se achavam tão estranhamente fundidas que a morte tomava o brilho e a cor da vida e a vida tomava a forma sombria e terrível da morte; doença que a medicina nunca curou e que a saúde nunca repeliu, ou da qual nem a pobreza nem a riqueza poderiam se gabar de estar imunes...

O erotismo exacerbado que faz parte dos sintomas, ou da mitologia, da tuberculose, se existiu em Constança, era bem disfarçado. Afinal, havia pouco era ainda uma criança, e o namoro e os galanteios aparentemente não lhe apeteciam, muito embora em suas cartas para Sinhoca sempre falasse de rapazes conhecidos de todas: Calógeras, Afonso, Amintas, Jaguaribe e outros. Suas cartas talvez tenham animado o amor entre Sinhoca e Calógeras, que, afinal, casaram-se. Os moços pareciam-lhe um vomitório e não conseguia distrair-se com coisas que julgava tão insignificantes.

O tédio a atormenta, mesmo que ela não tenha dado esse nome para o que sente: "tudo me aborrece ainda que nada me contrarie". A causa não é a falta de trabalho, diz. Tem muito o que fazer e faz crochê com tanta perfeição que até vende o presente que havia prometido às primas, pois não havia portador para o Rio de Janeiro. Sente desprezo pela vida — e por que não sentiria? —, sente-se intolerável e intolerante. Estúpida. Está zonza — são tantos remédios, tanta tosse, tantos conselhos e restrições... —, não cabe em si, não se atura, não há suporte. Tem medo de ficar louca, de morrer muito moça. Tem muito medo de já estar doida. Talvez estivesse muito confinada em uma solidão para a qual não há companhia. Norbert Elias fala-nos da solidão dos moribundos: as pessoas que os cercam não têm coragem de apoiá-los e confortá-los com afeição e ternura. Acham difícil abraçá-los, oferecer-lhes uma sensação de pertencimento, como se sentissem que, além da doença, a morte pode ser contagiosa e ameaçadora. Constança convida as primas a visitá-la, mas a distância ainda é o melhor resguardo. De alguns sintomas vai melhorando, mas a tosse é implacável e a faz perder a paciência. Contudo, não quer se render, e escreve: "a tosse [...] ainda não é a dos pthisicos (salvo a ortografia)".

Não consegue escrever por proibição, e por fraqueza não consegue fixar o olhar. Declara que está doente: "Agora não te digo a molestia porque ficarás assustada, deixa para quando escrever outra vez, que, com certeza já estou sã. Hoje estou melhor". Tal como ocorre com o câncer e a aids, muitos anos depois, da doença não se diz o nome. No entanto, ela sabe o que tem e mostra que sabe, muito embora diga à Sinhoca: "Não sei o que escrevo, tenho fébre e estou espiando para ver se vem alguem para eu esconder o papel e a penna".

Talvez para consolar Nikita, que morre logo depois dela e vitimada pela mesma doença, faz-se de forte:

> Não te assustes mais com a minha molestia, que foi uma cousa atôa: tive uma congestão pulmonar, e bem sabes que essa doença só tem perigo logo que attaca. Já não lanço mais sangue. Lançar sangue, propriamente, foi só duas vezes: uma logo que adoeci e outra no dia em que recebi a tua querida carta, fóra disto só algumas golfadas ou escarros, isso mesmo já ha seis ou sete dias que não tenho mais nada, só uma tosse muito amolladora.

Na *Montanha mágica*, Hans Castorp também afirma:

> Não, senhores — disse —, estão enganados. A minha febre é a coisa mais inofensiva que se pode imaginar.

> Estou apenas resfriado. Estão vendo: meus olhos lacrimejam, tenho o peito opresso e ando tossindo a noite toda. É bastante desagradável.

A tosse, sabe-se, incomoda a quem tosse e a quem a ouve. Procura-se o que fazer e não há. É amoladora, é bastante desagradável, e o que se faz resulta inútil. Escreve Constança a Sinhoca em sua última carta:

> Pois hoje, para te escrever, não fazes idéa a violencia que fiz sobre mim. Não é tanto a molestia nem a bambeza que provém d'ella que me desanimão ou me desanimavão, era a falta de assumpto; nem mesmo eu sabia como principar a carta. Mas desde que eu tive o que te dizer é que cahi e recahi doente.

A falta de assunto... o cansaço de fazer de conta, fazer cara de interessada, o cansaço de ouvir as mesmas recomendações, as esperanças renovadas e negadas em novas descobertas, o tédio. O tempo passando. Nem as injeções de guaiacol iodoformol, receita do Dr. Laplanche, como anunciavam os jornais, melhoravam a tosse. Constança mostrava familiaridade com o tratamento com o cáustico óleo de cróton e o que podia provocar, diarreias e lesões venenosas e infecciosas na pele:

> Desde Junho que tenho tomádo remedios, um após outro, e, presentemente estou tomando dous e sendo fricionada nas costas com óleo de croton, já é a 2ª vez

> que uso d'este ultimo, que é mil vezes mais cáustico do que o iôdo, digo isto porque o D^or^ Pedro disse que o iôdo não queimava quanto bastasse. [...] A primeira vez que me foi applicado esse remedio, minhas costás, desde o pescoço até a cintura ficarão amarellas de pús, e só quando ficarão assim é que fiz a ultima fricção, senti dôres horríveis e deppois uma cosseira que não era cosseira era uma cosseira infernal. D'esta ultima vez, agora é que tem as primeiras bôlhas.

Era como se a doença pudesse ser curada de fora para dentro, como se as bolhas fossem por onde pudessem escapar os tubérculos.

Tal como Kafka, Constança também tinha vontade de comer frutas e não podia:

> Aqui as jabuticabas estão dando com extrema abundancia, e dizem todos que são magníficas. Até n'isso tenho inveja de ti, porque eu vejo e não as posso comer.

Essa carta talvez tenha sido escrita em outubro, mês das jabuticabas naquela região, e foi talvez a última que escreveu na vida, que se renovava e se esvaía a cada melhora e a cada febre.

Os rapazes, amigos da família, foram fazer uma visita e um convite, e ela conta que sua mãe os achou muito simpáticos:

> A razão da extrema sympathia que ella notou n'elles, suponho que é a seguinte: dissemos que não podiamos ir porque eu estava com uma bronchite fortíssima, e elle disse que ao menos á conferencia podiamos ir; mas eu, que me lembrei mais d'um vomitório de tártaro que tinha tomado dous dias antes do que da moléstia, sentindo não ir ao concerto, disse: não sei q^{do} hei de me curar! Isto foi motivo para o Calogeras e o Jaguaribe rirem-se muito de mim, pensando (que idiotas!) que eu estava com muito medo de morrer. Mamãi pensa sempre de mim o que elles pensarão n'esse momento, e, por isso, ella pensou que elles me animarão muito porque eu fiquei um pouco alegre. Não é natural que eu ficasse?

É sim, querida Constança, alguma alegria que viesse por qualquer motivo. Mas, por mais que fizesse, Tereza não conseguia esconder de você seu mais profundo temor: que, depois de um filho e do marido, a morte levasse a filha querida. Tereza ajudou Constança a se submeter a tudo que foi sugerido, indicado, recomendado, receitado. Nenhum dos irmãos foi contaminado, por que ela? E como esconder que conhecia o destino de todos aqueles que a peste branca abraçava? O vomitório de tártaro podia ser uma desculpa por não querer sair, por ter vergonha de expor seu corpo magro, seu rosto encovado e corado pela febre que atacava sem dar aviso, mas ela gostava de música, e resolveu declarar *pour épater*: "não sei q^{do} hei de me curar!". E deixou claro: são idiotas os que pensam que ela tem medo de morrer — mesmo assim, faz violências sobre o corpo. Como pode não viver o que tinha para ser vivido? "Pois hoje, para te escrever, não fazes idéa a violencia que fiz sobre mim." Como pode? Ela tinha só 16 anos, e era no seu corpo que o combate se dava. Ela sabia.

Da mesma janela em que Isabel, sua irmã, via rapazes que iam para as Águas Limpas, Constança via parentes e amigos, tragédias e comédias. De algumas participou, de outras ouviu contar, e conta nas cartas.

Em uma trajetória escolar imaginada, talvez Constança tenha feito seus estudos primários em Queluz de Minas, onde a família morou quando Bernardo Guimarães dava aulas. Mas é seguro que esteve na Escola Normal, onde foi aluna apenas por um ano e para onde nunca mais foi. Na lista de matrículas dos alunos da Escola Normal de Ouro Preto de 1886-1887 (abril), consta seu nome, Constança da Silva Guimarães, 15 anos. Filiação: Bernardo Joaquim da Silva Guimarães/ naturalidade Ouro Preto/ pai já falecido. Constam também os nomes de suas primas, Elisa (Sinhoca) e Julia da Silva Guimarães, que foram para o Rio de Janeiro. Em maio de 1887, primeira data das cartas, Constança não consta mais da lista de matrículas da E. N. É em uma carta de Sinhoca que vem a notícia sobre as normalistas, e Constança comenta:

> Á respeito do que me escreveste, digo que ignorava a revolta das normalistas contra o Samuel, mas se isso é verdade, julgo que essas moças não são tão estúpidas

como eu pensava, apezar de que, nenhuma entrou em exame de arithméthica e só a Ignez e a Paulina entrarão no de portuguez sahindo reprovadissimas. As do segundo anno fizerão todas os exames e passarão para o 3° e as do 3° tirarão seus títulos.

É impiedosa — quem sabe, invejosa — com as ex-colegas. "Sarcástico? O senhor quer dizer: maledicente. Sim, sou um pouco maledicente", disse um dia Hans Castorp. Samuel João de Deus era o amanuense da Escola Normal. Seu nome e cargo estão no *Almanack*, de Manoel Ozzori. Um secretário pode aborrecer alunas e alunos de muitas formas: dando ordens sobre horários, cobrando atrasos, não transcrevendo corretamente as notas, mandando bilhetes para o pai (mães não eram para assuntos sérios), interrompendo conversinhas de corredor, ou trançando, ele mesmo, conversinhas com o diretor sobre alunos e suas famílias. As normalistas (há nomes de meninos nas listas) repetem, contra o Samuel, revoltas como essas contadas por histórias da educação.

Mas as primas tinham planos para a continuidade dos estudos. Sinhoca diz que vai para o Conservatório, para onde Nikita talvez também vá. E para si mesma? — perguntaria Constança. Sua resposta é generosa:

> Fizesteis muito bem de entrardes para o Conservatório (dirijo-me também a Nikita) principalmente esta, assim não façais como fizesteis com a Eschola Normal. Eu também nunca mais lá fui.

Este rasgo de conversa mostra seu desaponto: "nunca mais lá fui".

Constança era leitora. E boa escritora, como se vê nas cartas. Usa metáforas, faz ironias, constrói frases com delicadeza poética e é severa em suas críticas — é apenas um vestígio a crítica que faz ao livro de Escrich, mas pode nos fazer supor que leu os livros que a família escrevia (não apenas o pai era escritor). Lia jornais, pois havia muitos em Ouro Preto, emprestava livros, e, como havia ampla circulação de impressos na cidade (desde o século XVIII), havia bibliotecas, livrarias, papelarias, tipografias, e mesmo em casas dos escritores ou tradutores se fazia o comércio. Os anúncios de "um tudo" publicados nos jornais ouro-pretanos fazem-nos figurar um cotidiano cheio de recursos, ao contrário do que alguns possam pensar dos "tempos antigos". Advogados, contadores, médicos trazendo e vendendo as mais recentes e inúteis novidades; alfaiates, costureiras, professores e professoras particulares de música e tudo o mais, ateliês artísticos de fotografia ou pintura, listas de aprovados em concursos ou escolas; remédios, vários, para tosse, para congestão, para sífilis, para cancros, escrófulas, escorbutos.

A Sinhoca, Constança conta:

> Acabei de lêr dous romances d'Escrich: — O Manuscrito Materno — que tinha/tem fama de muito bom e é uma porcaria (desculpa-me a expressão) e — A Mulher Adúltera q. não te assuste o titulo, é um romance muito

> moral, e até beáto, posto que seja muito ruim. Forão-me recommendados pelo Pantaleão como uma obra prima (ou duas).

A crítica de Constança coincide com a que faz Lucio Mendonça no jornal de Juiz de Fora, *O Pharol*, publicado em 1889. Diz o articulista, refinado leitor e crítico literário do jornal:

> De livros que cumpre evitar eu encheria com a lista todo este jornal onde escrevo, mas, como resumo do meu Index, apenas lhe direi que rejeite impiedosamente Escrich, Montépin e Ohnet, três indignos tratantes que têm abarrotado a literatura hodierna do que ela possui de mais falso e mais tolo, mais missanga, mais oleografia e mais realejo.

Talvez Pantaleão também fosse um tratante e gostasse de formar cabeças de moças carolas. Constança não caiu nessa.

A música a interessa, e nas cartas conta da presença na cidade, hospedada em casa de Alice, de uma cantora ("ella é insupportavel") e seu irmão, o pianista Klier. Já em 1885, *O Liberal*, e em muitos de seus números, anuncia Grande Concerto organizado pelo violinista L. Raiol e o pianista J. Klier Junior com o valioso concurso de distintos amadores e artistas. Em geral, os concertos eram realizados no Paço da Assembleia Provincial ou no Teatro ouro-pretano, a Casa da Ópera, e faziam parte da intensa programação musical, teatral e religiosa que a população livre da cidade tinha oportunidade de frequentar.

> Tu não deves ignorar que os estudantes da Escola de Minas — fizerão uma conferencia na casa da Escola onde orou o Juvenal de Sá e Silva, e que á noite houve um concerto esplendido na Assembléa (tudo isto no dia 12 de Outubro, 11° anniversario da Escola). Mas não quero estender-me á esse respeito, isto é somente para dar-te uma notícia do Calogeras. Elle veio aqui com o Jaguaribe para me convidarem á assistir ás festas. Está cada vez mais bonito e o Jaguaribe mais sympathico (não se pode dizer que esta creatura é bonita).

Desde as primeiras negociações para a criação da escola, composição de seu corpo docente, concurso para os primeiros alunos, a Escola de Minas alinhavava e costurava a vida dos moradores de Ouro Preto. Visitas do imperador e da imperatriz, para conferir *in loco* os progressos da escola, homens estrangeiros a trazer novos costumes e novos olhares sobre o que e quem era provinciano, novas línguas e novos pensamentos circulando, flertes, namoros, cobiças, casamentos, ambições, nepotismos (não sendo bem uma novidade). Na família Guimarães, houve grande transformação: casamento de Ihá, que passaria a ser uma espécie de primeira-dama das ciências (mesmo que, até hoje, raramente citada em biografias do marido); casamento de Canuta com o professor francês Paul Ferrand; nomeação do pai para o Tribunal da Corte; as saudades de Constança, que logo na segunda carta mostra bem as primas que ficaram na província e as que foram para a Corte:

> Estou em casa da Ihá, vim passar alguns dias juncto d'ella enquanto o Sr. Gorceix sahiu.
> Não escrevo mais, nem á ti nem á Nikita, enquanto ambas não me escreverem. Tanto ella como tu teêm escripto a Fanny, Caluta e Ihá, e a mim nem lembranças.

Fanny, Francisca, casou-se, ou casaram-na, com o engenheiro Alcides Catão da Rocha Medrado. Em 1885, nasceu sua filha de nome Constança; sua madrinha foi Maria Izabel da Silva Guimarães (a mãe? a prima?) — como está registrado. Constança tinha 14 anos. O engenheiro era também professor do Liceu Mineiro, além de diretor e proprietário da *Revista do Ensino*. Com frequência publica artigos:

> A anarquia profunda do ensino primário em Minas; o estado lamentável das nossas escolas, onde tudo é imperfeito, desde o mestre que não tem orientação segura no exercício de seu alto cargo social, até o edifício que não satisfaz a nenhum dos requisitos das verdadeiras casas escolares; a escassa frequência dos alunos que cada vez mais acentua a inanidade das leis que deram caráter obrigatório a cultura inicial: a ausência

de inspeção eficaz: em suma, os múltiplos defeitos que aleijam o organismo da nossa instrução.

Essa é uma das avaliações que publicou em sua *Revista* em 1887. O que podemos dizer? Esse é o passado do futuro em que habitamos.

Canuta se casou, ou casaram-na, em 1884, com o engenheiro francês Paul Ferrand, professor e pesquisador da Escola de Minas. Em *Folhas de Outono*, antologia de poemas escritos em diferentes épocas, publicado pela Garnier em 1883, Bernardo dedicou-lhe, habilíssima pianista e cantora, o poema *Décimas*. Após a morte do marido e findos os trâmites inventariantes, Canuta mudou-se para Belo Horizonte com os filhos. Segundo os da família, Canuta tinha pendor para as letras. Escreveu o romance *Mancha Negra*, com o pseudônimo de Paula Nelle, volume lançado em Belo Horizonte em 1937. Nesse pseudônimo, insinua-se Pola Negri, atriz sensual de grande sucesso no início do século XX.

Ihá era também Constança. Para que não fossem confundidas umas com as outras, tratavam-se por apelidos. Como já disse, casou-se, ou casaram-na, em 27 de junho de 1885, com o diretor da Escola de Minas, Henri Gorceix. Ao casamento, realizado em oratório particular, seguiu-se profusa ceia à qual compareceram professores, desembargadores, juízes, cônjuges e certamente a família: os jornais noticiaram. Constança tinha 14 anos. Cecília Innocente nasceu em 27 de novembro de 1887 e foram seus padrinhos o imperador e a imperatriz

Thereza Cristina, representados pelos pais de Ihá. Constança passava dias em casa de Ihá e não era pouca a distância que percorria indo das Cabeças até perto da praça, na casa onde moravam. Como iria? Em uma carruagem? Uma carroça? A pé? Sentada em cadeirinha levada por escravos? Ela ia, mas não sei como. Não descobri e não consegui inventar.

Das intrincadas histórias que cercam a vida de Constança, nenhuma me intriga mais que sua relação com o depois renomado poeta simbolista Alphonsus de Guimaraens. Bernardo teve duas irmãs, Isabel e Maria Fausta, que teve uma filha, Francisca, que se casou com Albino da Costa Guimarães, português, comerciante estabelecido à rua São José. Desse casamento, nasceu Afonso Albino, portanto sobrinho-neto e primo em segundo grau de Constança na hierarquia familiar. Como na família já havia um Afonso Guimarães, houve a necessidade de substituir Guimarães, tornando-se Guimaraens aquele que seria Alphonsus.

Alphonsus de Guimaraens tem sua vida contada em prosa, versos e teses por poetas, escritores (filhos ou netos) ou especuladores, que de alguma forma fazem menção à precocemente falecida Constança, ora como sua noiva, ora como sua musa inspiradora. Casou-se, anos depois, com a diamantinense D. Zenaide, morou em Mariana (sua casa é hoje um bem cuidado museu) e teve quinze filhos. Mesmo assim, é chamado "o solitário de Mariana". Sua última filha foi batizada Constança e a pobrezinha morreu com apenas um ano. Dizem que esse desgosto o fez recordar-se de outro e rapidamente o levou à morte.

A nós interessa o Afonso Henrique da Costa Guimarães tal como é citado nas cartas de Constança. Na carta 01/05, muito trabalhada por traças, frequentadoras gulosas de arquivos e guardados, ela conta para Sinhoca:

> Sinhoca, supplemento tem por fim dar-te uma novidade de que me ia esquecendo. O Affonso Albino perguntou-me, haverá dous mezes, o que eu achava melhor: elle ir para S. Paulo ou ficar aqui mesmo na Eschola de Minas. Eu respondi que era melhor elle ir para S. Paulo, porque elle tinha feito o último preparatorio para estudar Direito e tinha essa tenção e perguntei ao mesmo tempo o que o obrigava a ficar aqui, ou se tinha mudado de resolução. Elle disse que ia mesmo para S. Paulo, visto que era o meu conselho, mas depois de reflectir um momento, disse: Esperem bem que eu vá para S. Paulo, não vou, estudarei na Eschola. E assim foi ou é o idiota aqui ficou. Embora ficasse, poucas vezes o vejo porque está estudando com um affinco que não lhe dá tempo para mais nada.

Nas cartas, não há outras referências a Afonso. No entanto, pode-se ler nas entrelinhas e imaginar que apenas esse suplemento a uma carta, contando fato acontecido meses antes, mostra uma Constança nem tão ocupada com o assunto, nem tão desocupada dele. De alguma forma, a personagem a interessa. Acha que foi um idiota, porque ficou, mas parece sentir falta de vê-lo e quer falar nele, dele. A narrativa também deixa transparecer uma conversa quase íntima, em que um homem pede conselho a uma mulher. Ela o dá, mas ele não vai segui-lo. Há desejo, de ficar, de ver, de ser visto, talvez outros mais.

Casamentos, flertes e namoros são assunto constante em quase todas as cartas. Vigia o Calógeras para a prima Sinhoca, que, afinal, casou-se com ele. Relata que o viu, que não o viu, pede que seja discreta, pois sua mãe não perdoa nada, ameaça que vai queimar as cartas, porque não é assunto que se trate com tanta indiscrição. Sente-se humilhada quando responde a Julinha, que talvez tenha apenas brincado com ela por causa do Amintas. Não bastava tudo por que passava? Ainda era humilhada? Protesto sério e veemente. Humilde ela não era mesmo, e assim fica humilhada:

> Na tua carta não achei motivo nenhum para rir, sinão no lugar em que dizes que eu devia estar com saudades do péquetréfe do Amintas. Tu me humilhaste e eu me vi pela primeira vez humilhada.

Parece que o assunto a incomoda muito. Sempre se refere a possíveis pretendentes, aos rapazes que conhecia, de perto ou de longe, em termos pejorativos, agressivos mesmo. Ela tem 16 anos, o tempo a leva e ela não sabe para onde. Que futuro pode pensar para si mesma? A Hans Castorp foi dada a pergunta: "Será que também desta festa mundial da morte, e também da perniciosa febre que inflama o céu da noite chuvosa, ainda surgirá o amor?".

A única constante em sua vida é a tosse, a febre, a dor, os tratamentos. Só mesmo a certeza dos afetos familiares, pelos quais reclama, suaviza um pouco tanta amargura. Parece-me que é de Nikita que tem mais saudade. Irmãs na doença, não podem estar juntas. Por isso, pede que volte, que invente para o pai que, se ficar, poderá ser contaminada pelas bexigas, a varíola que fez epidemia no Rio de Janeiro em 1887, e diz-lhe, como se fosse um chamado poético:

> Por mais que eu queira pensar que estás muito satisfeita ahi, não posso accreditar que uma mineira, livre filha das montanhas accostumada a respirar o ar livre de sua terra, possa viver suando 24 horas por dia e ouvindo as conversas estupidas e insensatas d'essas tagarellas fluminenses. Só a Nikita é que pode apreciar isso, mas tu és muitíssimo intelligente. Deixem dizer o que quizerem, o atrazo da nossa terra tem sua poesia.

O destaque das notícias mostra o quanto o casamento era importante, o quanto o amor (mesmo que não fosse amor) entre um homem e uma mulher era razão de vida e de morte nesses tempos de boas parideiras e mulheres sem ambições nem projetos próprios — mesmo que nem todas. Tempos de mulheres desamparadas pelas leis e pelos costumes, e que, se não se casassem, acabariam por depender da caridade alheia ou de parcos recursos para viverem sozinhas. Constança valorizava a discrição, a contenção da dor, assim como as razões para além de doenças, mostrando não só conhecimento do caso, mas das regras vigentes naquela sociedade.

De amores e casamentos, mortes de amigas e conhecidas, tudo entretecido, tão entristecido, conta:

> Tenho uma noticia a dar-te, mas é muito triste: a Angelina Catão está viuva e com cinco filhos. O marido morreu com 24 annos apenas. Outra também muito triste: o noivo da Ethelvina Lopes está prestes a morrer, talvez á esta hora já elle esteja morto.

O destino de Ethelvina é pungente:

> Perguntastes-me pela Ethelvina: o noivo morreu e ella está desesperada, contudo ella não fez nenhum berreiro no dia em que elle morreu, só o que ella fez foi cortar os cabellos e pôr dentro do caixão, cortou quasi á escovinha, enfim, cortou quanto poude. Quizerão impedil-a de fazer isso, mas ella disse que tinha prazer em tel-os compridos porque elle achava-os bonitos (e ella os tinha lindos) mas agora que elle não podia ver, levasse consigo… que se ella toda não ia é porque não havião de querer enterral-a viva, mas que em breve havia de ser enterrada morta. Eu acho que ella morre mesmo, desde que o noivo morreu (que ha talvez cinco dias) ella não aceita allimento algum. Disse-me a mulher do 36

> que ella está em uma cama, vestida com uma camisa de dormir que foi d'elle, e que não dá uma palavra á ninguem, cumprimenta á todos com um sorriso tão triste q.' se ella chorasse não comoveria tanto. É muitíssimo infeliz a Ethelvina. A mai e o pai d'ella estão muito tristes com essa resolução, a mai chora, o pai esbraveja, mas ella não atende á cousa nenhuma. Dizem que o pai foi o autor da sua morte, porque os medicos disserão q.' se elle cazasse saráva, mas o Sr Lopes não quiz, por causa de um miseravel conto de reis q.' o padrinho deixou para a Ethelvina.

A morte do noivo da amiga chega por uma notícia. Contam para ela que conta para Sinhoca. A morte é contada, pintada, filmada ou fotografada. Ou cantada. Por outrem. Não poderemos jamais contar nossa morte. Pode haver uma encomenda para a cena, mas não há autobiografia que possa incluir a morte, é irremediável. A literatura, por encomenda ou não, seja biografando, seja fantasiando, contou a morte de muitas personagens.

Alexandre Dumas Filho, romancista de sucesso em todo o mundo, era filho ilegítimo de um francês e de uma haitiana negra. Foi a partir dessa história pessoal que criou suas trágicas personagens femininas, por exemplo, em *A dama das camélias*, Marguerite Gautier, uma cortesã que se apaixona por um nobre e morre tuberculosa. Por sua vez, Francesco Maria Piave, inspirado em Marguerite, cria Violeta Valéry e escreve o libreto para a ópera *La Traviata*, de Giuseppe Verdi, em quatro atos. Em cada um deles, a personagem, uma cortesã tuberculosa, passará por momentos ébrios, orgíacos e felizes, mas experimentará, além da doença, humilhações, pobreza e dor. Chega-se ao *gran finale*. Chega uma carta do pai de Alfredo Germont contando o que fez para separá-la de seu filho e anunciando que logo os dois chegarão para encontrá-la e serem felizes. Nesse momento, ela suspira e diz: "è tardi". O médico, que traz a cura e a morte, está presente. "Eu conheço a morte, sou um dos seus velhos empregados", disse o médico de Castorp. De fato, Alfredo chega, e, apesar das promessas, repetidas por ela, de que a saúde reflorescerá, ambos sabem que não é possível. Ela lamenta o fim cruel do amor de ambos e, subitamente, de pé no meio do palco, diz:

> È strano!
> Cessarono gli spasmi di dolore.
> In me rinasce — m'agita insolito vigore!
> Ah! io ritorno a vivere!
> Oh gioia!

> É estranho!
> Cessaram os espasmos de dor.
> Em mim renasce — e se agita um insólito vigor!
> Ah! eu volto a viver!
> Oh que alegria!

E, alegre, morre. Impossibilitada de dizer que estava morrendo.

Faltavam ainda alguns anos para que Constança morresse, mas, em *Folhas de Outono*, Bernardo Guimarães lamentava as mortes de mulheres jovens. Pensando talvez na filha, deixou esta mensagem:

> Não, não penses em morrer. É cedo ainda;
> Pede, espera do céu paz e ventura;
> Não morras, não; sê forte, como és linda;
> Não, não queiras a paz da sepultura.

Em sua última carta, Constança anseia por um futuro que lhe permita continuar escrevendo e distribuindo afetos, mas sabe que a espera um escuro desfalecimento:

> Julinha, escrevo-te agora, não com o intento de approveitar esta nesga, mas sim para não esfriar a nossa correspondencia, se não te escrevo mais é porque a luz se me somme dos olhos e a mão cançada desfallece.
> Adeus, recebe um beijo de tua prima
> Constança

Cândida (Constança)
filha de [illegible]
[illegible]

Photographie Arguelles
PREMIADA EM 1866
DE
M. ESCOBAR & C.
72 R. de S. Francisco de Assis 72
ANTIGA DA CARIOCA
RIO DE JANEIRO

01.01

Sinhoca

Ouro Preto, 27 de Maio de 1887

Recebi a tua carta n'este momento.

Escrevo-te agora só para dizer-te que a Mi-
hita sahe no dia 30 do corrente; não sahiu a mais tem-
po (manda-te dizer ella) porque estava chumbando os den-
tes.

Breve te escreverei com mais vagar; agora estou
com muita pressa, para agra[illegible]cer-te a carta que
me escreveste. Estou, n'este momento, em casa da Fanny,
Vim visitar o Leoluca, foi hoje a primeira vez que
o vi, depois q. chegou, acreditas?

Lembranças á Norica.

Recebe um apertado abraço de tua

Constancinha

0102

Querida Sinhoca

Escrevo-te hoje para dar-te uma bôa noticia, do contrario não te escreveria porque és uma ingrata que nem se lembra mais de mim, mas quero ter o prazer de te dar o prazer de saber que o Calogeras estará la na quinta-feira, 21 do corrente; elle sahe amanhã.

Talvez tu te rias de eu fallar n'essa creatura, e dirás: que ingenuidade, pensar que eu ainda penso em semelhante homem!

Estou em casa da Ihá; vim passar alguns dias juncto d'ella emquanto o Sr. Goreux sahiu.

Não te escrevo mais, nem á ti nem á Nikita, emquanto ambas não me escreverem. Tanto ella como tu teem escripto a Fanny, Cabuta e Ihá; e a mim nem lembranças.

Não tenho nada mais a dizer-te, si não que estamos todos de perfeita saúde.

Muitas lembranças a Nikita, Norica, Julinha, Lulucа, Tia Maria e a todos, emfim.

De tua amiga que te abraça

Constancinha

P.S. A Iaiá disse que amanhã vai escrever a Tio J. Caetano para agradecel-o e dar providencias a respeito da encommenda que elle fez.

namento, onde elle guarda e entrega-o, e elle re-
cebe com a mesma naturalidade que se não o
tivesse escondido. À hora do jantar chama por
Tia Donanna, Constancia, Antonico e vendo que
nenhum d'elles responde senta-se á meza pra-
guejando e xingando-os, dizendo que se estão mal
com elle que estejão; chama pelo Candido, que já
morreu, e põe a Marianna em busca d'elle, o
dia inteiro, porque mais que ella diga: Candido
morreu, na hora elle falla: Ah! sim é verda-
de, mas d'ahi a pouco está na mesma lida.

Uma noticia mais triste ainda é que
o pai da Nininha Barbosa morreu.

A Paulina do Tobias vae casar-se.

Abraço a todos e recommende-me a
meus tios.

Não te esqueça de tua

Constancinha

01.03

Querida Senhoca,

Que hei de eu te dizer? Nem eu
mesma o sei. (Exh. do album de Nicésio). Por fallar n'esse cu-
to, me lembrei que elle (o Nicesio) casou-se em Queluz com
uma moça muito minha conhecida; está morando a-
qui, e consta-me comprou a pharmacia do Nicolau.

Tenho recebido uma serie de cartas
tuas, as quaes não tenho respondido por estar muito
preza e um pouco doente, portanto espero, me descul-
parás e continues a escrever-me, embora a isso
tenha posto impedimento por minha negligencia,
mas prometto-te que nunca mais te queixarás de
mim á pretexto de não te escrever.

A respeito o que me escreveste di-
go que ignorava a revolta das normalistas contra
o Samuel, mas se isso é verdade, julgo que es-
tas moças não são tão estudiosas como eu pensava,
apezar de que, nenhuma entrou em exame de a-
rithmetica e só a Ignez e a Paulina entrarão
no de portuguez, sahindo reprovadissimas. As
do segundo anno fizerão todos os exames e pas-

serão para o 3º e os do 3º serão sem titulos. Dizes tambem que por aqui consta que vaes casar-te. Nunca ouvi dizer isso depois que estás ausente e, a fallar-te com franqueza, creio que não se falla de ti sinão entre familia (a nossa). Pelo menos, logo que partiste me dizião somente que eu havia de ter muita saudade de ti, mas agora creio que já te esquecerão (salvo algumas excepções). Mas não deves importar-te com isso, porque bem sabes que quando se está aqui falla-se na gente, mas sem isso é o mesmo que não existir. Isso é regra geral em O.P.; eu mesma faço-me esquecida porque quasi não passeio, e mesmo eu não estou aqui, estou mais lá comtigo do que commigo.

Soube pela tua carta que o Calogeras e o Jaguaribe já estão aqui. Eu ignorava que o Jaguaribe estava fora, sabia só que elle havia feito exame, mas não sei o resultado desse exame.

Há muito que não vejo o Aminthas, de quem só me lembro quando fallas n'elle, e não sabia que elle tinha ido á Côrte. Sabbado que a ultima vez que o vi foi na soirée do Manica, quando ainda estavas aqui.

Fizestes muito bem de entrardes para o Conservatorio (diga-me tambem a Mkita) principalmente esta, assim não façais como fizestes com a Eschola Normal. Eu tambem nunca mais lá fui.

A Ctha já me tinha dito que a irmã do Kher é muito aborrecida e falla especialmente da alimentação dos euro-peanos. Parece-me que estes Kher tem o coração no estomago. Pois ha tão pouco tempo que seu pai morreu e ella já tocou e cantou aqui em um concerto que o Kher deu.

Minha amiga, as noticias que tenho á dar-te são todas tristes: Mariazinha aqui em casa, para dar mais um estupido ao mundo, o Sr. Raymundo Athayde doido (dizem os filhos que não é loucura; mas é febre e que a febre é germinada pela congestão que elle teve, mas eu acho que elle está perfeitamente louco, vejamos as suas proezas: esconde os pratos, talheres etc. e depois quer que a Marianna dê conta, ella que esta sempre a espiando, vai buscar no encan-

vi dizer que a vizinha Alves casou-se mas ignoro se isso realizou-se. Eª com o Borgia que ella casa-se ou casou-se.

Estou quasi boa, a tosse é que me faz perder a paciencia, mas eu acho que ainda não é a dos phthisicos (salvo a orthographia)

Abraço e beijo a Yoiça, Julinha e Zenbuca e lembranças a meus tios.

De tua amiga que te abraça

Constancinha

P.S. Não demorem a me escrever, nem tu nem a Sinhoca são capazes de avaliar a ancia com que eu espero uma carta de lá.

01.84

[illegible] Sinhôra

[illegible] e [illegible] nada [illegible] Minha querida [illegible] com um genio insupportavel; tudo me aborrece [illegible] me contraria. Se [illegible] no fundo d'ella [illegible] me aborrecem [illegible].

[illegible] de trabalho [illegible]. Quanto mais que eu tenho muito que fazer, e de não tivesse [illegible].

Cada vez que vejo me parece um [illegible] que [illegible] e que é o [illegible] d'ella [illegible] Castelinho [illegible] da familia e a [illegible] Juliano [illegible] me faz [illegible] d'ella. Se eu me [illegible] seria bem mais feliz.

Embora não [illegible] e ao mesmo tempo [illegible] pela [illegible] em que [illegible] de vir para [illegible]. Minha [illegible] faze todo o possivel para vir [illegible]

ainda que estás muito contente ahi, se [illegible]
já ficarás feia e portanto triste. Enquanto mais [illegible]
não deves pensar só em ti; pensa em Deus [illegible] que
é a maior felicidade que tens n'este mundo, com
tua mãe e irmãs.

Adeus minha queridissima, recebe um affectuo-
so abraço de tua

Constancinha

Chara [illegible]

Eu [illegible] me vai querer pensar que es-
tás muito satisfeita ahi; não posso acreditar que
uma mineira, livre filha das montanhas, acostu-
mada a respirar o ar livre de sua terra, possa
viver suando 24 horas por dia e ouvindo as conversas
estudadas e ensinadas d'essas tagarellas fluminenses.
Só a [illegible] é que pode apreciar isso, mas ha
os mineirinhos intelligentes. Deixem dizer o que qui-
zerem, o atrazo da nossa terra tem sua poesia.

Não deixe de lembrar a Tio J. Caetano e [illegible]
ge que corres de terdes bexigas (ainda que seja pre-
ciso exagerar) tu tens mais energia e destreza e con-
[illegible] Não repare no [illegible], elle surge da vontade que
eu tenho que venhas para cá.

ção da verdade. Bem que tenhas pouca von-
tade de vir, faze isso pelo amor de Deus e do pro-
ximo, tu sabes que não demoras muito aqui. Estas
em Flores. Teremos brincadeiras que terão com[illegible]
alegria. Eu não fallo de tua prima, se eu tivesse
igual commoção se tu viesses mesmo eu ficaria
louca, para isso eu acho que me não falta mui-
to. Se eu não endoudecer é porque morrerei mui-
to moça. Eu já tenho muito medo de estar doida

Nessas ultimas noites tenho sonhado muito
comtigo. Venha me dizer como passas e que tens
feito de bom divertimento.

O Barão de [illegible] veio aqui em
casa com o filho que está morando em casa de D. [illegible]-
nhã, pediu nos para ver o retrato de Papai e quan-
do o viu chorou como uma criança. O filho, se conhe-
conheces e mesmo que o não conhecesses eu tambem não
poderia dizer nada a seu respeito, porque estive
com elle poucos instantes e achei-o de um ar
vulgar, mas o Barão é um homem intelligente e
que é visto um Barão e foi [illegible] é um dos bons ami-
gos de meu Pai.

A Zizinha Marçal já se casou e, em

que a Alice morava muito longe. Agora mo-
ra no chalet que tem no fundo da horta da D.
Joanna Marçal. Ja tive noticias que ella é
insupportavel (ella Alice) mas irei muito breve á
casa da Alice.

A Corrêa veio hoje participar-nos o casa-
mento da Paulina com um pharmaceutico chamado
Marcianno Alves; não sei se o conheces eu nunca
ouvi pronunciar esse nome senão hoje. Disse-nos
tambem a Corrêa que a Ignez breve será pedi-
da por um moço que a adora, segundo ella ou-
vio dizer na rua. [illegible] o [illegible] [illegible]. O bre-
ve da Estephania acabou-se, começou o da Ignez.

Lembranças á [illegible] de tua casa e um
beijo á Nonica outro á Nhinha.

Recebe um abraço de tua amiga

Constancinha

Ainhora, este [illegible] [illegible] [illegible] [illegible] [illegible]
de uma novidade de que [illegible] [illegible] [illegible]. O Affonso Albino per-
guntou-me, haverá dous mezes, o que eu achava melhor: elle
ir para S. Paulo ou ficar aqui mesmo na Escola de [illegible].
Eu respondi que era melhor elle ir para S. Paulo, porque elle
tinha feito o ultimo preparatorio para estudar direito e tinha
esta tenção; perguntei ao mesmo tempo o que o obrigava
a ficar aqui, ou se elle tinha mudado de resolução. Elle
disse que ia mesmo para S. Paulo visto que era o meu conse-
lho, mas depois de reflectir um momento, disse: Emquanto [illegible]
que eu vá para [illegible] não vou, [illegible] na Escola. O [illegible]
foi [illegible] [illegible] aqui ficou. [illegible] [illegible] [illegible] [illegible] [illegible] mais nada
[illegible] [illegible] com um [illegible] [illegible] [illegible] [illegible] [illegible].

01,05

Querida [illegible]

Tu, apesar de comprometida, me falles me no Amintas como se elle fosse meu namorado, e cousa que eu, felizmente, não tenho; se eu tivesse e si-bera o dito, eu teria certamente que essas cousas tenho porque tuas cartas [illegible] pela Calota e Pha (salvo aquellas em que fallas no Calogeras).

Exijo que não escrevas mais essas as-neiras e que não me perguntes pelo Calogeras, de quem não tenho noticias, quando tiver dar-t'as-hei. Tambem não falles n'esta exigencia, senão está entornado o caldo; e tu és bem capaz de fazer essa borrada de pato!

Minha querida, queira desculpar es-sas exigencias e se não fizeres o que te peço es-tarei altamente comprommettida, porque Mamãi não perdôa nada, não vendo tu que eu tenho ra-zão de sobra!...

Terminados os pedidos e as satisfa-ções, tratemos d'outra cousa.

O Antonico está prestes a chegar a

pai, está afflictissimo com a doença do Sr. Ray-
mundo (que não merece tantas attenções). Eu acho
que é a pessôa a quem mais tem encommen-
dado a doença do Illustre Usurario, porque elle
(Cello, Ant.) é muito bom filho como é bom amigo. É uma
excepção na familia. Mais tarde eu te con-
tarei cousas do avô da velha. Mas não me
esqueço nada a esse respeito.

Acabei de lêr dous romances d'E. Rich
— O Manuscripto Materno — que [tem] tinha fama
de muito bom e é uma porcaria (desculpa-
me a expressão) e A Mulher Adultera (que não
te assustes ~~com~~ o titulo) é um romance muito mo-
ral, e até bonito, posto que seja muito ruim.
Forão-me recommendados pelo Pantaleão como u-
ma obra prima (ou duas).

Esta carta é mais resumida do que
as que te tenho escripto, mas ainda assim, é
muito mais extensa que todas as tuas á
mim escriptas. Dirás: quem dera que fosse mais
curta, ao menos não encerrava tanta maça-
ção! Perdôa á tua malcriada, e tão novinha!

Concluindo faço-te um beijo e que fodar à tua prima que te abraça

Constancinha

Julinha

Muito estimarei que estas mal traçadas
linhas vá encontrar-lhe com saúde que é o meu
desejo. Recebi a tua cartinha a qual muito pra-
zer me deu por saber que vocês e todos da
família gozão perfeita saúde.

Diga à Norica que eu fiz um crochet mui-
to bonito para ella mas não tendo portador pa-
ra mandal-o e achando quem o comprasse por
um preço muito além do que eu venderia se
eu fizesse para vender, resolvi vendel-o, mas
vou fazer outro.

Na tua carta não achei motivo nenhum
para rir, senão no lugar em que dizes que
eu deveria estar com saudades do piquenique do
Timinhas. Tu me humilhaste e eu me vi
pela primeira vez humilhada.

Ainda não vi a irmã do Walter, por

01.06

Querida Sinhara

Principio dizendo que estou do-
ente. Não te respondi, como me pediste, logo que
[r]ecebi tua carta porque o Dr. Pedro me prohi
[b]iu de fazer qualquer trabalho que dependa
[d]e attenção, principalmente sendo preciso fixar o
[o]lhar. Se eu não estivesse vigiada teria escripto,
apezar de eu ter tido experiencia que isso
[f]az-me mal, porque, não sei se foi a commo
[ç]ão que senti quando li tuas cartas e a da Sh-
[h]ita, que me fez passar muito mal o resto do
dia. Agora não te digo a molestia porque
[f]icarás assustada, deixo para quando escrever
[o]utra vez, que, com certeza ja estou sã. Hoje
[e]stou melhor.

O Calogeras sahiu no dia 22 e não no dia
[2]0, elle foi á caza da Ihá na manhã do dia
[e]m que partiu, eu ainda estava lá e não
[o] vi porque demorou-se muito pouco, e eu
[e]stava na horta n'esse tempo. Tive muito pezar
[d]e não o ver. Com certeza já sabes disso, ja es-
[t]iveste com elle, não?

O Cupertino que nós pensavamos estar no 2º anno, está no 3º, fez exame juncto com o Calogeras, a prova d'elle foi classificada em 2º lugar e a do Calogeras em 3º.

Não sei o que escrevo, tenho febre e estou espiando se vem alguem para eu esconder o papel e a penna.

Sinhoca, quando me escreveres seja um pouquinho mais discréta porque é preciso esconder muito tuas cartas para que os outros não leião, ou então queimal-as, isso me custa muito prefiro não saber os teus segredos a trahil-os, ainda que involuntariamente.

Adeus, minha querida, envio um abraço a Norica um a Julinha, outro ao Juhica e muitas lembranças á meus tios, e tu receba um apertadissimo de tua amiga que te adora

Constancinha

Queridissima Nhita

Não é preciso que me digas para pedir á Deus para que voltes, isso eu faço sempre, embora eu pensasse que estavas mais satisfeita lá do q. aqui. Mas agora, que sei que tu tens vontade de voltar, redobro as supplicas.

Estive em caza da Ihá até o dia de S. João, n'esse dia viemos para as Cabeças, a Ihá almoçou, jantou e dormiu em caza da Caluta e no dia seguinte ficou até ás 2 horas.

Tenho uma noticia a dar-te, mas é muito triste: a Angelina Catão está viuva e com cinco filhos. O marido morreu com 24 annos apenas. Outra tambem muito triste: o noivo da Ethelvina Lopes está prestes a morrer, talvez á esta hora já elle esteja morto.

Escreva-me o mais breve que te fôr possivel, tu não fazes idéa a alegria q. eu tenho quando recebo uma carta de tua caza.

De tua amiga q. te abraça

Constancinha

P.S. Deixei as noticias ruins pra ti, reparaste? Mas isso não foi de proposito, desculpa-me

01.07

Querida Sinhoca

Não te assustes mais com a minha molestia, que foi uma cousa atôa: tive uma congestão pulmonar, e bem sabes que essa doença só tem perigo logo que attaca. Já não lanço mais sangue. Lançar sangue, propriamente, foi só duas vezes: uma logo que adoeci e outra no dia em que recebi a tua querida carta, fóra disto só algumas golfadas ou escarros, isso mesmo já ha seis ou sete dias que não tenho mais nada, só uma tosse muito amolladora.

Consultei com o Dr. Pedro á respeito da minha ida, mas elle disse que uma viagem agora me seria muito prejudicial (á mim não, á minha saúde) só d'aqui á alguns dous mezes, isso me faria muito bem. A Mamãi não disse que não deixava e nem que deixava eu ir, disse só que faria todo o sacrificio possivel para eu ser curada.

Perguntaste-me pela Ethelvina: o noivo morreu e ella está desesperada, comtudo ella não fez nenhum berreiro no dia em que elle morreu, só o que ella fez foi cortar os cabellos e pôr dentro do caixão, cortou quasi á escovinha, emfim, cortou quanto poude. Quizerão impedil-a de fazer isso mas ella disse que tinha prazer em tel-os compridos porque elle achava-os bonitos (e ella os tinha lindos) mas agora que elle não podia ver, levasse comsigo... que se ella toda não ia é porque não havião de querer enterral-a viva mas que breve havião de ser enterrada morta. Eu acho que ella morre mesmo, desde que o noivo morreu (que ha talvez cinco dias) ella não aceita allimento algum. Disse-me a mulher do 36 que ella está em uma cama, vestida com uma camisa de dormir que foi d'elle, e que não dá uma palavra á ninguem, cumprimenta á todos com um sorriso tão triste q. se ella chorasse não commoveria tanto. É muitissimo infeliz a Ethelvina. A mãe e o pai d'ella estão muito tristes com essa resolução, a mãe chora, o pai esbraveja, mas ella não attende á cousa nenhuma. Dizem que o pai foi o autor da sua morte, porque os medicos disserão q.

se elle cazasse sarava, mas o Sr. Lopes não quiz porque causa de um miseravel conto de reis q. o padrinho deixou para a Ethelvina.

Não tenho outro assumpto, por isso discorri tanto sobre esse que já deves estar amollada, e por isso te digo adeus.

Diga á Nhita e Nirica que eu hoje não posso escrever para ellas, mas breve hei de fazer isso. Diga tambem á Nhita que eu vi o Chico Catão á poucos dias na janella do Sr. Passos. Agradeço a todas o interesse q. tem tomado por mim. Lembranças á todos. De tua amiga que te abraça

Constancinha

P.S. Não estrane que eu te escreva para te pois me escrevêres, não me deixavão fazer nada durante a minha doença, de sorte que, agora tenho muito que fazer. Diga o mesmo ás outras.

primeira vez que me foi applicado esse remedio, minhas costas, desde o pescoço até a cintura ficarão amarellas de pús, e só quando ficarão assim é que fiz a ultima fricção, senti dores horriveis e depois uma cosseira que não era cosseira era uma cosseira infernal. D'esta ultima vez, agora é que tem as primeiras bolhas.

Tu, quando me escreves, não dás nunca noticias de ninguem d'ahi. A Nikita foi doente, a Norica um pouco morrinhenta.

Diga-me como vão ellas, se já uma sarou e a outra largou os queixumes. A Norica, se bem me lembro, está lambiscando um ... um ... um fidalgo (não é mesmo isso?) Que faça bom proveito. Manda me dizer se isso continua e com que caracter.

Espero que me escrevas brevemente. Todos os nossos que cá estão vão passando muito bem, graças a Deus. Soubemos por intermedio da Tia Isabel que o nosso primo Joaquim Cavalcanti perdeu a mulher.

Não me escrevas tão laconicamente como costumas, eu desejo ter noticias minuciosas de lá, sómente da tua casa, o mais pouco me importa. Eu já dei o exemplo e espero que o sigas.

Beijos á todas e á ti e Nikita mais ainda.

De tua

Constancinha

Julinha escrevo-te agora não com o intento de aproveitar esta nesga, mas sim para não esfriar a nossa correspondencia, se não te escrevo mais é porque a luz se me somme dos olhos e a mão cançada desfallece.

Adeus, recebe um beijo de tua prima Constança

01.08

Querida Sinhôca

Deves estar furiosa commigo, e eu dou-te razão, mas depois que souberes que tenho continuado doente me desculparás, sim? Pois hoje, para te escrever, não fazes idéa a violencia que fiz sobre mim. Não é tanto a molestia ~~nem~~ a fraqueza que provém della que me desanimão ou me desanimavão, era a falta de assumpto; nem mesmo eu sabia como principiar a carta. Mas vêste que eu tive o que te dizer: é que cahi ou recahi doente.

Tu não deves ignorar que os estudantes da Escola de Minas fizerão uma conferencia na casa da Escola onde creou o Jornal de Sá e Silva, e que ~~depois~~ á noute houve um concerto esplendido na Assembléa (tudo isto no dia 12 de Outubro, 11º anniversario da Escola). Mas não quero estender-me á esse respeito, isto é somente para dar-te uma noticia do Calogeras. Elle veio aqui com o Jaguaribe para me convidarem á assistir ás festas. Está cada vez mais bonito e o Jaguaribe mais sympathico (não se póde dizer que esta creatura é bonita). Mamai achou os muito distinctos (não como a Nhita acha). A razão da extrema sympathia que ella notou n'elles, supponho que é a seguinte: dissemos que não podiamos ir porque eu estava com uma bronchite fortissima, e elle disse que ao menos a conferencia podiamos ir; mas eu, que me lembrei mais d'um cemiterio de tartaro que tinha tomado dous dias antes do que da molestia, sentindo não ir ao concerto, disse: não sei q. hei de me curar! Isto foi motivo para o Calogeras e o Jaguaribe rirem-se muito de mim, pensando (que idiotas!) que eu estava com muito mêdo de morrer. Mamãi pensa sempre de mim o que elles pensarão n'esse momento, e, por isso, ella pensou que elles me animarão muito porque eu fiquei um pouco alegre. Não é natural que eu ficasse? Não vi o Calogeras a muito tempo, e eu estimo-o muito porque tu... tu bem sabes.

Breve te darei outras noticias dos ditos, p. que mandei-lhes umas flôres, que elles me pedirão e ficarão de elles mesmos, trazerem o cêsto.

Por causa d'esse cêsto, temos passado apuros, isto é modo de dizer, quem tem passado apuros é a Mamãi, eu tenho ouvido amollações, porque o cê

to é da Mariasinha e ella chama-o todos os dias, que
rendo que mandemos buscal-o, embora elles ficassem de
trazel-o, porque, diz ella, isto de estudantes... O pis
to custou 6 cobres, os galés trouxerão nesse dia muitos
outros, e por infelicidade nossa, não trazem mais.
A Mariasinha está aqui em casa, deve haver dous
mezes e ainda não pario (Ah!)

Dizes que sentes muito calor e por isso tens
inveja de mim, pois eu tenho muito mais de ti por
que estou ficando corcunda por me encolher (não é
caçoada, não) para evitar o frio no peito, onde eu
sinto mais.

Aqui as jabuticabas estão dando com
extrema abundancia, e dizem todos que são ma
gnificas. Até n'isso tenho inveja de ti, porque eu
vejo e não as posso comer. Desde Junho que tenho
tomado remedios, um após outro, e presentemente
estou tomando dous e sendo friccionada nas cos
tas com óleo de croton, já é a 2ª vez que uso deste
~~segu~~ ultimo, que é mil vezes mais caustico do que
o iôdo, digo isto porque o Dr. Pedro disse que o iôdo não
queimava quanto bastasse. Diga isto a Nhita
para que ella fique tão paciente como eu. A

p. 97

Contança, filha de Bernardo Joaquim da Silva Guimarães e de sua esposa D. Tereza Maria Gomes Guimarães.

p. 98

Niquita (Anna) – Filha de Joaquim Caetano.
João Pandiá Calógeras e Sinhoca (Elisa), amiga e confidente de Constancinha.

p. 99 – p. 127

Cartas de Constança Guimarães.

As fotografias e as cartas estão disponíveis no Arquivo Público Mineiro, em Belo Horizonte.

Post scriptum

Para minha amiga Magda, com quem compartilho, há mais de cinquenta anos, convivências, conivências e compromissos.

Por longo tempo, misturei-me à vida de Constança. Não ela à minha. Achei as cartas em 2014 e a cada leitura novas perguntas surgiam. Morava meio tempo da semana em Ouro Preto e Mariana como professora visitante do Instituto de Ciências Humanas e Sociais da Universidade Federal de Ouro Preto (ICHS-UFOP), e, assim, também a música oitocentista e seus maravilhosos compositores, santos, incensos e a família Guimarães se grudaram à minha pele. Fazia fotos, consultava mapas, ouvia *Te Deum*, até o da degola, e missas — como eu gosto da Abertura em ré de João de Deus de Castro Lobo; ia aos arquivos (Casa do Pilar, obrigada pela acolhida), ia às igrejas, ia aos museus (em especial ao Museu da Música em Mariana, uma espécie de segunda morada, onde ensinei a Vitor Gomes e ele me ensinou), à Fundação Gorceix, à casa de Bernardo Guimarães, onde Constança viveu parte de sua vida e morreu, à casa de Ihá e Gorceix (pela simpatia e acolhimento da atual dona da casa, pude visitar seu quintal, onde há peças da época e ainda o portão que se abria para a antiga sede da Escola de Minas, hoje rua Padre Rolim).

Tive a sorte de encontrar, logo no início da pesquisa, o site de Armelim Guimarães, neto de Bernardo Guimarães, que foi um guia importante para outras pesquisas. O site já não existe, mas por gratidão faço questão de citar o nome de seu autor.

Desde muito cedo admiradora dos romances históricos de Agripa Vasconcelos, queria escrever o meu, em que Constança fosse a personagem. Cedi o passo, dando-me por vencida; mesmo assim me aferrava à ideia de construir uma ficção: troca de cartas conjecturadas, diário paralelo e outras invencionices. Tudo isso enquanto ia realizando a pesquisa, em companhia de Derrida (*Mal de arquivo*) e Arlette Farge (*O gosto do arquivo*), mergulhando em hemerotecas digitais, especialmente no fabuloso acervo da Biblioteca Nacional; arquivos de documentos e jornais (sempre grata ao Arquivo Público Mineiro e a seus funcionários, quase cúmplices desta pesquisadora); no Semanário Médico, contaminada e meio adoecida pelo livro *Machado*, de Silviano Santiago; no Dicionário Chernoviz e em outros de época, para entender palavras e ideias; em livros recém-publicados, tal como *A história de Minas Gerais — A província de Minas,* lançado pela Autêntica Editora. Foram preciosos os livros de Irene Nogueira de Rezende, *O paraíso e a esperança*; as cartas entre *D. Pedro II e Gorceix*, organizado por Margarida Rosa de Lima, que me foi dado pela saudosa e querida amiga Anna Maria N. L. Parsons, e o clássico *A Escola de Minas de Ouro Preto*, de J. M. de Carvalho. Os romances de Bernardo Guimarães e suas antologias de poemas satíricos e burlescos organizadas por Duda Machado foram uma porta que se abriu para um estilo do século XIX que eu ainda não conhecia, e muito mais ao meu gosto que o dos romances. Li as pequenas biografias (sempre muito afetuosas) de Carlos José dos Santos, *Bernardo Guimarães na intimidade*; o *Perfil bio-biblio-literário de Bernardo Guimarães*, de Dilermando Cruz; *Bernardo Guimarães: Esboço Biographico e Critico*, Basílio de Magalhães (por via indireta); *As alianças de sangue entre os Guimarães e os Guimaraens* são demonstradas por Domingos Leers Guimaraens em tese defendida na PUC-RJ. Ao mesmo tempo lamentando não haver uma biografia de bom porte, abandonava essas leituras de e sobre Bernardo Guimarães, pois as referências a Constança eram repetitivas e minguadas. Os memorialistas têm enorme valor nesse tipo de trabalho: ajudam a nos envolver no espírito da época

(Eponina Ruas; Taciano Jerônimo; Henrique Cabral), trazem-nos notícias sobre clima, costumes domésticos, comércio, instrução, estudantes, carnaval, Semana Santa e Natal. E, muito mais, trazem-nos a paixão pelo que escrevem. Os almanaques estão aí incluídos. O livro *Ensaios para uma história da arte de Minas Gerais no século XIX*, de Ricardo Giannetti, trouxe-me novas personagens e paisagens, sempre lembrando que *As Efemérides*, de Xavier da Veiga, é de difícil consulta, porém incontornável. A educação de Constança importava-me, nem que fosse por dever de ofício, ou por ela demonstrar ser a inacreditável missivista que era, e contei com a disponibilidade e a pesquisa de Jumara Pedruzzi e com outros trabalhos acadêmicos sobre a Escola Normal de Ouro Preto, realizados pelas pesquisadoras do Grupo de Estudos e Pesquisas em História da Educação (GEPHE), da Faculdade de Educação da Universidade Federal de Minas Gerais (UFMG), todos disponíveis e de fácil acesso a quem interessar possa.

Eu precisava conhecer e compreender o que havia sido a peste branca. *A história social da tuberculose e do tuberculoso* (Claudio Bertolli Filho) foi leitura fundamental para que eu pudesse compreender, desde o título, os sujeitos. *A doença como metáfora* (Susan Sontag) abriu-me para a literatura e para saber que, além de metáforas, as doenças sempre doeram nos corpos. Norbert Elias faz a reflexão necessária à compreensão do que é a *Solidão dos moribundos*. Fui então, além desses e dos escritos técnicos, à leitura de quem sofreu a tuberculose, nas biografias: Roland Barthes, Kafka, e do grande romance *A montanha mágica* (Thomas Mann). Essa leitura, iniciada muitos anos antes, era agora completada no Kindle, no qual marcava e compartilhava, comigo mesma, vários trechos presentes neste ensaio.

Aprendi a ler com 7 anos e nunca mais parei. Sou então uma septuagenária frequentadora de autores, autoras e das páginas que escreveram. Tenho a sorte de — às vezes — me ocorrer algum deles, que joga mais inteligência e poder no que estou escrevendo, tal como foi com Rilke. *Ni muy muy ni tan tan*, era o desafio. O cortejo de mortos e mortas pela tuberculose no mundo inteiro antes de meados do século XX é imenso, e no campo das artes, sobretudo na literatura, era registrado com poesia, coragem, quase orgulho. Porém em momento algum eu poderia me esquecer que meu compromisso era com Constança e com o que ela contou de si.

Uma oficina de edição literária confirmou-me que tinha em mãos um tesouro, pelas cartas e pela pesquisa já realizada. Então, concluí que bastava de enterrar e desenterrar Constança. Ela não merecia isso. E veio a decidida ordem: faça um ensaio. Minha sábia amiga Magda Soares, que acompanhou essa a-ventura desde seu primeiro achado, disse-me: é mais fácil definir o ensaio pelo que não é, nem crônica, nem romance, nem poesia. Josélia Aguiar ofereceu uma oficina literária em A Escrevedeira, e eu, que me considero uma, fiz o curso e enviei o ensaio para ela. Suas respostas às minhas inquietações eram suaves e rigorosas. Não consegui elaborar tudo que me sugeriu, mas como ajudou!

A companhia e a orientação segura de Carolina Fenati e Luísa Rabello, trazidas pelas mãos de Cecília Rocha e da editora Chão da Feira, foram decisivas e definitivas. Confiança e delicadeza alegradas pelos bebês que foram nascendo e crescendo ao longo da convivência. Maria, Lia, Rita, Antônio, Sara — aposta em que sempre haverá leitores e leitoras.

Muitos amigos e família deram-me o suporte afetivo mais que necessário: em Tiradentes, Airton Ribeiro; em Ouro Preto, Margareth Diniz; em Nova York, Cecília e Rodrigo; em São Paulo, Simone T. L. de Faria, minha filhada; em Belo Horizonte, as Amigas no Porto. Alencar Perdigão, Claudia Masini e Luciana Tanure insistiram em que eu pusesse o livro no prelo. Obrigada a todos, sobretudo aos que não foram citados.

Algumas referências

Aqui estão listados alguns dos livros consultados ao longo da pesquisa e da escrita deste texto. Não é exatamente uma bibliografia, posto que certamente está incompleta e, sem receio, escapa às normas da ABNT.

Livros, revistas, dicionários e teses

BERTOLLI Filho, Cláudio. *História social da tuberculose e do tuberculoso: 1900-1950*. Rio de Janeiro: Editora FIOCRUZ, 2001.

CABRAL, Henrique Barbosa da Silva. *Ouro Preto*. Belo Horizonte: 1969.

CALVET, Louis-Jean. *Roland Barthes — Uma biografia*. São Paulo: Siciliano, 1993.

CARVALHO, José Murilo de. *A Escola de Minas de Ouro Preto: o peso da glória*. Formato Kindle.

CASSOLI, Marileide Lázara. *A construção da liberdade: vivências da escravidão e do pós-escravidão, Mariana, 1871--1920*. Jundiaí, São Paulo: Paco, 2017.

CASTAGNA, Paulo. Produção musical e atuação profissional de João de Deus de Castro Lobo (1794-1832): do desaparecimento de seus autógrafos à transmissão de sua música pelas redes sociais. *Opus*: Revista Eletrônica da ANPPOM, v.18, n.1, jun. 2012, pp. 9-40.

CERTEAU, Michel de. *A escrita da história*. Rio de Janeiro: Forense Universitária, 1982.

CRUZ, Dilermando. *Bernardo Guimarães (Perfil Bio-Biblio--Literário)*. 2ª edição. Bello Horizonte: Imprensa Official do Estado de Minas, 1914.

DEFOE, Daniel. *Robinson Crusoe*. São Paulo: Penguin-Companhia, 2001 (versão Kindle, p. 456).

DERRIDA, Jacques. *Mal de arquivo: uma impressão freudiana*. Rio de Janeiro: Relume Dumará, 2001.

DUMAS Filho, Alexandre. *A dama das camélias*. Porto Alegre: L&PM, 2011 (versão Kindle).

ELIAS, Norbert. *A solidão dos moribundos* seguido de *Envelhecer e morrer*. Rio de Janeiro: Jorge Zahar, 2001.

FARGE, Arlette. *O sabor do arquivo*. São Paulo: Edusp, 2009.

FARIA FILHO, Luciano M. de. Bernardo Guimarães, pensador social. *Revista Brasileira de História Da Educação*,

8(1 [16]), 2012, 87-124. Recuperado de https://periodicos.uem.br/ojs/index.php/rbhe/article/view/38589

GUIMARAENS, Domingos de Leers. *Amanhã tudo isso será tinta: alianças de sangue e escrita entre os Guimarães e os Guimaraens*. Tese de Doutorado. Pontifícia Universidade Católica do Rio de Janeiro. Orientadora: Marília Routhier Cardoso. 2014.

GUIMARÃES, Armelim. Biografia de Bernardo Guimarães. «José Armelim Bernardo Guimarães (1915-2004), neto». sites.google.com. Bernardo Guimarães (1825-1884), obra e vida. Consultado em 10 jan. 2020.

GUIMARÂES, Bernardo. Prefácio a *Folhas de Outono*: https://sites.google.com/site/sitedobg/Home/prefacios/folhas-de-outono-1883-

GUIMARÃES, Bernardo. *Elixir do pajé. Poemas de Humor, Sátira e Escatologia*. Org. Duda Machado. São Paulo: Hedra, 2010. (Em 1989, Helvécio Ratton fez um primoroso filme, ainda ao dispor de quantos o queiram assistir.)

HALLEWELL, Laurence. *O livro no Brasil*. São Paulo: Edusp, 2012.

JERÔNIMO, Taciano. *Lendas, tradições e costumes de Ouro Preto*. Belo Horizonte: Lemi, 1973

KOSSOY, Boris. *Dicionário histórico fotográfico brasileiro. Fotógrafos e ofício da fotografia no Brasil (1833-1910)*. São Paulo: IMS, 2002.

LEMAIRE, Gérard-Georges. *Kafka*. Porto Alegre: L&PM, 2013.

LIMA, Margarida Rosa de. *D. Pedro II e Gorceix*. A fundação da Escola de Minas de Ouro Preto. Anexo:

Correspondência entre Gorceix e o Imperador 1874-1891. Edição Comemorativa do primeiro Centenário da Escola de Minas de Ouro Preto. Ouro Preto: Fundação Gorceix, 1977.

MANN, Thomas. *A montanha mágica*. São Paulo: Companhia das Letras, 2016.

MIGNOT, Ana Crystina Venancio (org.). *Destinos das letras: história, educação e escrita epistolar*. Passo Fundo: UPF das Letras, 2002.

MUSEU DA INCONFIDÊNCIA. *Oficina do Inconfidência*. Revista de trabalho. Ouro Preto, MG, ano 1, n. 0, dez. 1999.

NASCIMENTO, Dilene Raimundo do. *As pestes do século XX: tuberculose e Aids no Brasil, uma história comparada*. Rio de Janeiro: Editora Fiocruz, 2005.

NAVA, Pedro. *Baú de Ossos*. São Paulo: Nova Fronteira, 1981.

OURO PRETO: cidade em três séculos. Bicentenário de Ouro Preto — Memória histórica (1711-1911). Organização, ensaio crítico e linha de tempo de Maria Francelina S. I. Drummond. Ouro Preto: Liberdade, 2011.

OZZORI, Manoel. *Almanack administrativo mercantil, industrial, scientifico e litterario do município de Ouro Preto*. Ouro Preto Typographia d'A ORDEM. Rua da Barra n. 30. Anno I — 1890.

PIRES, Paulo Roberto (org.) *Doze ensaios sobre o ensaio*. São Paulo: IMS, 2018 (Antologia Serrote).

QUINTANEIRO, Tania. *Retratos de Mulher. O cotidiano feminino no Brasil sob o olhar dos viageiros do século XIX*. Petrópolis, Rio de Janeiro: Vozes, 1995.

REZENDE, Irene Nogueira de. *O paraíso e a esperança — Vida cotidiana de fazendeiros na Zona da Mata de Minas Gerais (1889-1930)*. São Paulo: Humanitas, 2004

RILKE, Rainer Maria. *As elegias de Duíno*. São Paulo: Biblioteca Azul, 2013.

RODARTE, Mario Marcos Sampaio. *O trabalho do fogo. Domicílios ou famílias do passado — Minas Gerais, 1830*. Belo Horizonte: Editora UFMG, 2012.

RUAS, Eponina. *Ouro Preto. Sua história, seus templos e monumentos*. Belo Horizonte: Estabelecimento Gráficos Santa Maria, 1958.

SANTIAGO, Silviano. *Machado*. São Paulo: Companhia das Letras, 2016.

SONTAG, Susan. *A doença como metáfora*. Rio de Janeiro: Graal, 1984.

TOURNIER, Michel. *Sexta-Feira ou Os limbos do Pacífico*. 3ª ed. Rio de Janeiro: Bertrand Brasil, 2001.

ZICA, Matheus da Cruz. *Masculinidades possíveis. Representações de gênero em disputa no século XIX brasileiro*. João Pessoa: Editora da UFPB, 2015.

BRAZIL-MÉDICO. Revista Semanal de Medicina e Cirurgia. Anno VI. Rio de Janeiro, 1892.

A. ROGER & F CHERNOVIZ. *DICCIONARIO DE MEDICINA POPULAR E DAS SCIENCIAS ACCESSORIAS PARA USO DAS FAMÍLIAS. Contendo a descripção das Causas, symptomas e tratamento'das moléstias; As receitas para cada moléstia; As plantas medicinaes e as alimentícias.*

As águas mineraes do Brazil, de Portugal e de outros paizes. E muitos conhecimentos úteis. 6ª ed. Pariz, 1890.

DICIONÁRIO DA LÍNGUA PORTUGUESA composto pelo padre D. Rafael Bluteau, reformado, e acrescentado por Antonio de Moraes Silva, natural do Rio de Janeiro. Lisboa: Officina de Simão Thaddeo Ferreira, 1789.

Algumas instituições

ARQUIVO PÚBLICO MINEIRO
O Arquivo Público Mineiro foi criado em 1895 por José Xavier da Veiga, ainda em Ouro Preto. Tal como outros, seu prédio é povoado de arcontes, sentinelas dos documentos, principalmente de e sobre homens probos; guarda milhares de documentos de origem pública e privada dos períodos colonial, imperial e parte do republicano. Um lugar de autoridade. Além de manuscritos e impressos, o arquivo reúne mapas, plantas, fotografias, gravuras, filmes, livros, jornais, folhetos e periódicos. Guarda assuntos, palavras e imagens de estado: seu construtor e destruidor. Junto com os relatórios de inspetores escolares, muitas provas de crianças que provaram suas competências às suas professoras, além de listas de matrículas.

MUSEU CASA ALPHONSUS DE GUIMARAENS

O Museu foi idealizado para prestar homenagem ao escritor e poeta Afonso Henriques da Costa Guimaraens (Ouro Preto, 1870-Mariana, 1921), um dos principais autores simbolistas do Brasil, conhecido como Alphonsus de Guimaraens. Inaugurado em 1987, o Museu está instalado na casa em que o escritor viveu com a família no período de 1913 a 1921. Localizado no centro histórico de Mariana, o imóvel, recentemente restaurado, apresenta características das construções de estilo colonial, dentro dos padrões estéticos do fim do século XVIII até o início do século XIX, com dois pavimentos e um quintal, por onde se distribuem os espaços expositivos, educativos, áreas de pesquisa, administrativas e de convivência.

MUSEU DA MÚSICA DE MARIANA

Instituição fundada em 6 de julho de 1973 pelo arcebispo de Mariana, Dom Oscar de Oliveira. Sua finalidade precípua é a de recolhimento, em caráter permanente, de instrumentos e acervos musicais históricos, originários principalmente da Arquidiocese de Mariana. A instituição recebe pesquisadores interessados no repertório e na história musical mineira e brasileira, sedia um módulo expositivo para visitantes, oferece cursos e realiza eventos e projetos científicos, sociais, culturais e educacionais na área de música, com ênfase no patrimônio histórico-musical brasileiro, especialmente mineiro.

@Ophelia Edições
@Eliane Marta Teixeira Lopes

ORGANIZAÇÃO E ENSAIO Eliane Marta Teixeira Lopes
EDIÇÃO Maria Carolina Fenati
REVISÃO Douglas Ferreira, Andrea Stahel
PROJETO GRÁFICO Luísa Rabello

GRUPO EDITORIAL QUIXOTE
EDIÇÃO Grupo Editorial Quixote
CONSELHO EDITORAL Alencar Perdigão, Cláudia Masini
EDITORES Bruna Fortunata, Guilherme Coelho, João Camilo de Oliveira Torres
TECNOLOGIA DE INFORMAÇÃO Alessandro Guerra

Nesta edição, respeitou-se o Novo Acordo Ortográfico da Língua Portuguesa.

Dados internacionais de catalogação na publicação (CIP)
Câmara Brasileira do Livro, SP, Brasil

Cartas: Constança Guimarães (1871 - 1888) / Organização
e ensaio de Eliane Marta Teixeira Lopes. – 2. ed. –
Belo Horizonte: Quixote, 2025.
144 p.; 13 X 20 cm
ISBN 978-65-986627-6-9
1. Cartas. 2. Literatura brasileira. I. Lopes, Eliane Marta
Teixeira (Organização e ensaio). II. Título.
CDD 869.93
Janaina Ramos – Bibliotecária – CRB-8/9166

---

www.quixote-do.com.br
@quixote.do
Av. Cristóvão Colombo, 519 – Sala 606 | Savassi
30.140-906 | Belo Horizonte | MG
editoraquixote@gmail.com | (31) 3141.1256

#tudocomeçanalivraria #quixote2025 #constança

FSC
MISTO
Papel
FSC® C092828

2023
CARBON
NEUTRAL
SAVE
cerrado